認知症世界の歩き方
実践編

対話とデザインがあなたの生活を変える

著　　筧　裕介 & issue+design

監修　一般社団法人ボーダレス

認知症未来共創ハブ

認知症世界にようこそ。
あなたはこの世界を旅する旅人。
ここ認知症世界では、
不思議な体験をする乗り物や店、
出会ったことがない未知の民族が暮らす村、
想像を絶する摩訶不思議な風景が
次々とあなたの目の前に現れ、
誰もがいろいろなハプニングを体験するのです。
「なんだか、怖そう？」。
そう思った皆さん、大丈夫！ 心配無用です。

皆さんには、この世界でとっても頼りになる
心強い２人の相棒、
対話（ダイアログ）とデザインがついています。

相棒とともに、認知症世界の旅を楽しみましょう。
さぁ、旅のはじまりです。

PART1　対話編

認知症の方が生きる世界を知り、言葉を交わし、関係を深める

MEMORY
霧に消える絶景を脳裏に焼き付けられるか！
ホワイトアウト渓谷 ➡P.066
消える?! トイレの謎 ➡P.070
排泄予測デバイス ➡P.079
あなたは無事目的地にたどり着けるのか？
二次元銀座商店街 ➡P.054
歩きたくなる?!
集めたくなる?! 謎 ➡P.058
二次元銀座
空間のトラブル
あなたの腕はこの暗闇を抜けられるのか？
服ノ袖トンネル ➡P.080

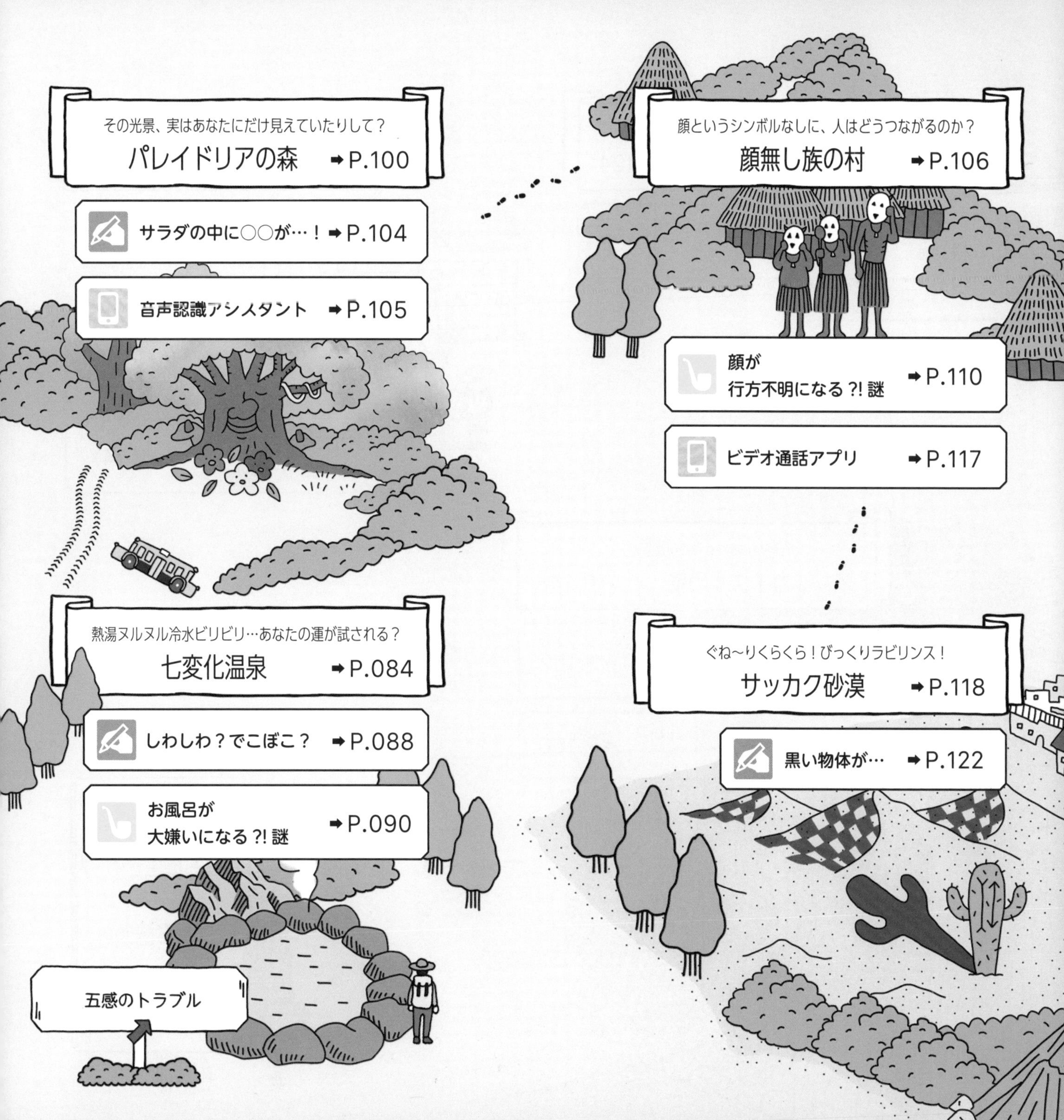

その光景、実はあなたにだけ見えていたりして？
パレイドリアの森 ➡P.100
サラダの中に○○が…！ ➡P.104
音声認識アシスタント ➡P.105
顔というシンボルなしに、人はどうつながるのか？
顔無し族の村 ➡P.106
顔が
行方不明になる ?! 謎 ➡P.110
ビデオ通話アプリ ➡P.117
熱湯ヌルヌル冷水ビリビリ…あなたの運が試される？
七変化温泉 ➡P.084
しわしわ？でこぼこ？ ➡P.088
お風呂が
大嫌いになる ?! 謎 ➡P.090
ぐね～りくらくら！びっくりラビリンス！
サッカク砂漠 ➡P.118
黒い物体が… ➡P.122
五感のトラブル

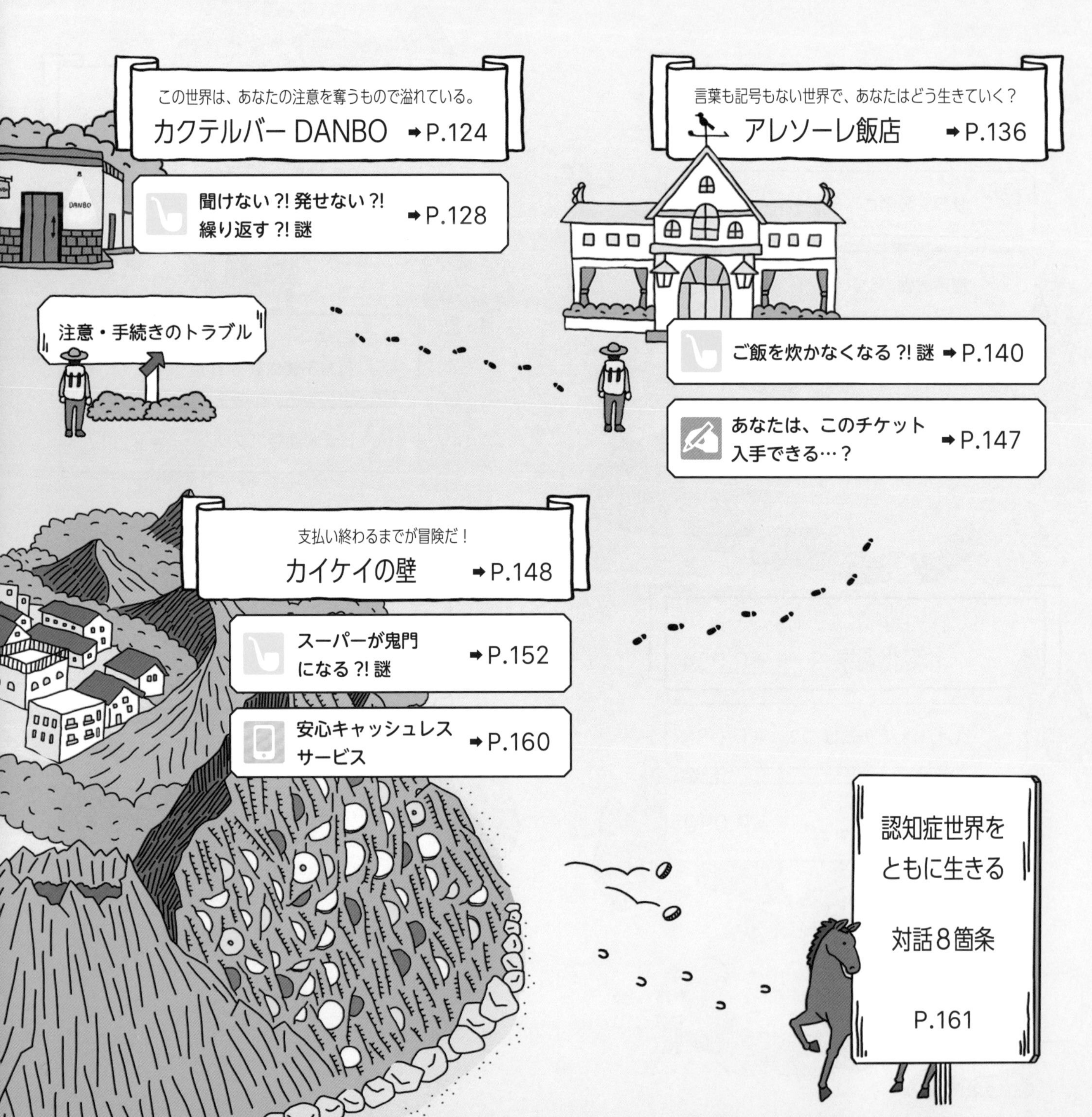
この世界は、あなたの注意を奪うもので溢れている。
カクテルバー DANBO ➡P.124
聞けない?! 発せない?! 繰り返す?! 謎 ➡P.128
言葉も記号もない世界で、あなたはどう生きていく?
アレソーレ飯店 ➡P.136
注意・手続きのトラブル
ご飯を炊かなくなる?! 謎 ➡P.140
あなたは、このチケット入手できる…? ➡P.147
支払い終わるまでが冒険だ!
カイケイの壁 ➡P.148
スーパーが鬼門になる?! 謎 ➡P.152
安心キャッシュレスサービス ➡P.160
認知症世界をともに生きる
対話8箇条
P.161

PART2　デザイン編

生活環境を美しく整え、改善する

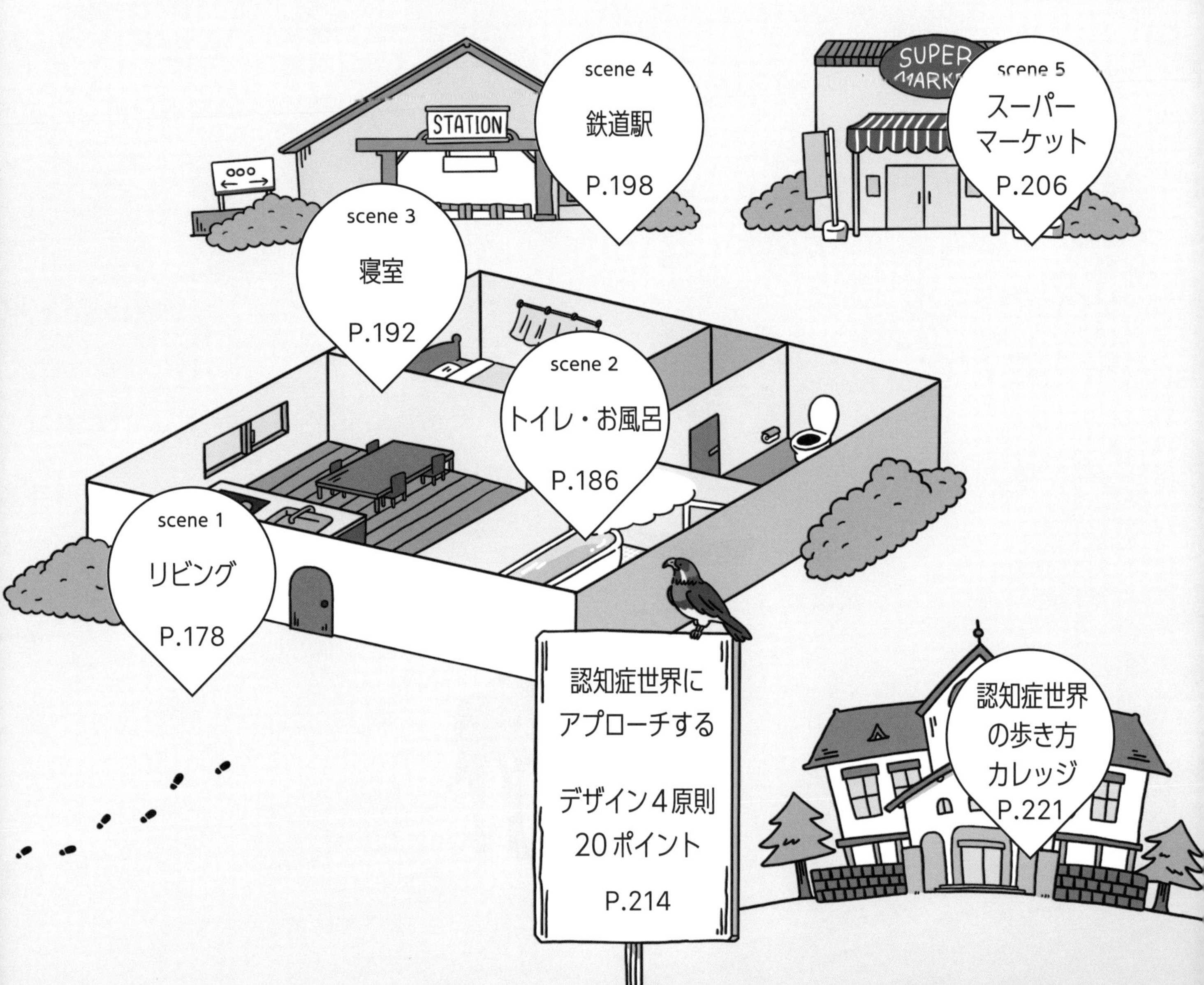

はじめに

認知症とともに生きる人生に必要なもの、それが「対話」と「デザイン」だ！

認知症のある方が生きる世界をみんなに知ってもらいたい

認知症のある方ご本人が生きる世界、見える景色、抱えている思いや生活のトラブルを、家族や医療・介護・福祉関係者などの周囲の人、世界中の全ての人に知ってもらいたい、偏見と誤解をなくしたい。そんな思いから、この「認知症世界の歩き方」プロジェクトは始まりました。前作の書籍は多くの方に読んでいただき、認知症のある方ご本人、ご家族や専門職の方々、そしてお子さんなど、多くの方から嬉しい声をいただきました。

「診断後に、ネットで暗い酷い内容の情報ばかりを目にして落ち込んでました。
そんな時に出会った『認知症世界の歩き方』に私は救われました。」

「『なぜ、自分はこんな簡単なこともできなくなったんだろう？』
『自分の頭と身体に何が起きているのだろう？』と苦しんでいましたが、
全てわかりました。」

「最近いつも旦那の理解不能な行動に、ついつい怒ってしまっていたんです。
これからは優しくしてあげられます。彼の中でこんなことが起きていたんですね。」

ご本人や家族からこうした声をいただき、このプロジェクトに取り組んで良かったと、心の底から感じました。

それと同時に「まだまだ力不足だな」「もっと頑張らなければならない」とも痛感しました。「認知症のある方やその家族が生きやすい社会」の実現には、まだまだほど遠い現状ですから……

そんな中、「何が必要なのだろう？」「自分に何ができるのだろう？」と自問自答を重ね、認知症のある方ご本人や同じ思いの仲間との対話を通じて、私がたどり着いたのが、本書のテーマである「対話」と「デザイン」です。

言葉を交わし、思いを共有する対話（ダイアログ）

対話（ダイアログ）とは、他者との言葉のやり取りを通じて、互いの思いを共有し、関係を深め、ともに活動する原動力を生み出す手法を意味します。

認知症のある方とともに暮らす家族、介護職・ソーシャルワーカー・医師などの専門職の皆さん他、全ての人が認知症のある方ご本人と言葉を交わし、思いを汲み取り、より良い関係を築くために欠かせない技術です。

本書を通じて、認知症のある方が生きる世界を体感し、対話の技術を学んだ後、身近にいる認知症のある方と言葉を交わし、その方の世界、景色、思いを想像してみてください。今まで「理解不能」「訳がわからない」と思っていたことが腑に落ち、新しい発見があり、あなたの行動が変わることでしょう。

対話すること、相手の思いを想像することが、認知症とともにより良く生きるための大切な一歩です。

暮らしの環境を美しく整え、改善するデザイン

デザインとは、人間の持つ「創造」の力で、私たちが生きる環境を美しく整え、社会課題・地域課題・生活課題を解決する手法を意味します。

認知症のある方が抱える生活のトラブルの大半は環境側に問題があります。迷いやすい商業施設やサイン、使いにくい ATM や券売機、複雑な手続きが必要な行政サービス……。この社会には高度な認知機能なしでは達成できないことがあふれています。技術の進化で私たちの生活はとても便利になりました。それと同時に、変化が目まぐるしく、これまで培った経験記憶を活かすことが難しいモノやサービスが次々と登場する世の中です。認知症の有無にかかわらず、超高速な変化に取り残されてしまっている方が多数います。

そんな時代に誰もが必要なスキル、それがデザインです。自分の身の回りの生活環境を美しく整えることで、多くの障壁がなくなります。認知症のある方自身が、家族や支援者が、ともに生活環境をデザインすることで、より充実した人生を送ることができるでしょう。多くの企業や行政が認知症のある方ご本人の視点によるデザインを取り入れれば、日本は劇的に暮らしやすい社会に変貌を遂げることでしょう。

本書を通じて、認知症のある方が生きる世界を楽しく体験し、対話とデザインを学ぶことが、みなさんが認知症とともにより充実した人生を送ることの一助となることを願っています。

issue+design

筧　裕介

PART 1　対話編

対話（ダイアログ）とは、
他者との言葉のやり取りを通じて、互いの思いを共有し、関係を深め、ともに活動する原動力を生み出す手法。
旅の大切な１人目の相棒です。

この相棒とともに、あなたの想像力と推理力を駆使し、素敵な関係を築き、この世界の旅を楽しみましょう。

対話編の楽しみ方

step 1
ストーリーを楽しむ
認知症世界の旅のストーリーを本書のイラストと文章、
もしくは動画（QRコードにスマホをかざすことで視聴可能）で楽しもう。

step 2
基礎知識を学ぶ
ストーリーの背景にある認知機能障害の理解を深めよう。

step 3
ケースを読み込む
衣・食・住・移動・交際・仕事・買い物などで生じる
認知機能のトラブルに関する実在するケースを読もう。

step 4
推理する
トラブルの背景にある認知機能障害、ご本人の思いを推理しよう。

step 5
アクションを発想する
トラブルの解決に向けて、みんなで取り組むことができる
具体的なアクションのアイデアを考えよう。

行き先？？？
行き先？

ミステリーバス

行くあてのないバスから、あなたは降りられるか？

認知症世界。この世界には、乗り込んでしばらくすると、記憶をどんどん失ってしまい、行き先がわからなくなる不思議なバスがあるのです。

この世界の玄関口・ディメンシア港の前に、旅人なら誰もがお世話になる島内周遊バスが停まっています。さぁ、旅の始まりです。
順番に乗り込み、バスが出発し、しばらく窓の外を眺めていると……
たちまち「あれ、ここどこ？」「なんでバスに乗ってるんだっけ？」「どこから来たんだっけ？」と、誰もが首を傾げることに。
実はこのバス、これまでの道のり（過去）、現在地（今）、旅のプラン（未来）が全部わからなくなってしまう、不思議な乗り物だったのです。

ミステリーバスの背景

もの忘れと記憶障害の違い

「3月 3日 18 時～友人と銀座で食事」。そんな約束をしたとします。約束当日、仕事のトラブルでついうっかり忘れてしまい、18 時半に友人からの電話で思い出す。こういう予定を忘れてしまう経験は誰にでもあるでしょう。いわゆる「もの忘れ」です。

一方、友人から電話を受けても約束したことすら思い出せない。これが「記憶障害」です。手帳に自分の字で予定が書き込まれていても、書き込んだことも思い出せないので、その記述が本当なのか確信を持てません。

大切なことを覚えていられない理由

記憶のプロセスは、記銘 → 保持 → 想起の３つで構成されます。知識・情報（約束した事実と日時・場所）を頭の中に取り込み（記銘）、その情報を約束の時間まで蓄え（保持）、約束の時間に思い出して（想起）、目的地に向かう行動をとります。この過程で３つのトラブルが考えられます。

１つ目は知識・情報（約束した事実と日時・場所）がきっちり「記銘」できないトラブルです。目で見たり耳で聞いても、情報が頭を通り抜けてしまったり、自分が記憶できるかたちに変換できず、頭の中に入らなかったりするのです。世界史のテスト勉強中に、似たような名前がいくつもある歴史上の人物の名前（例えば、ローマ教皇・ボニファティウス８世）が、何度聞いても頭に残らない、そんな感じです。

２つ目は、必要な情報を「保持」できないトラブルです。約束した事実と日時・場所が頭の中に一旦記銘されたとしても、当日まで残っていないことが考えられます。ボニファティウス 8 世の名前と出来事（14世紀初頭のアナーニ事件後に憤死したローマ教皇）をテスト勉強で覚えたと思っても、テスト当日までに忘れてしまうのが近いでしょう。

3つ目は、きっかけがあっても情報を「想起」できないトラブルです。保持された記憶は何かのきっかけで想起されます。自分の手帳に「3月3日 18時〜銀座」と書いてあるのを見ても、友人との食事を思い出せない状態です。「アナーニ事件で憤死したローマ教皇の名前は？」という問題が出て、うっすら名前が浮かんだのに、回答できなかった、そんな感覚です。

この3つのプロセスのいずれか、もしくは複数でトラブルを抱えるのが「記憶障害」です。

テストの事例のような体験は誰にでもあることでしょう。記憶のトラブルは認知症に限らず、加齢に伴う記憶力の低下、疲労や睡眠不足、体調不良の時など、誰にでもいつでも起こりうるものなのです。

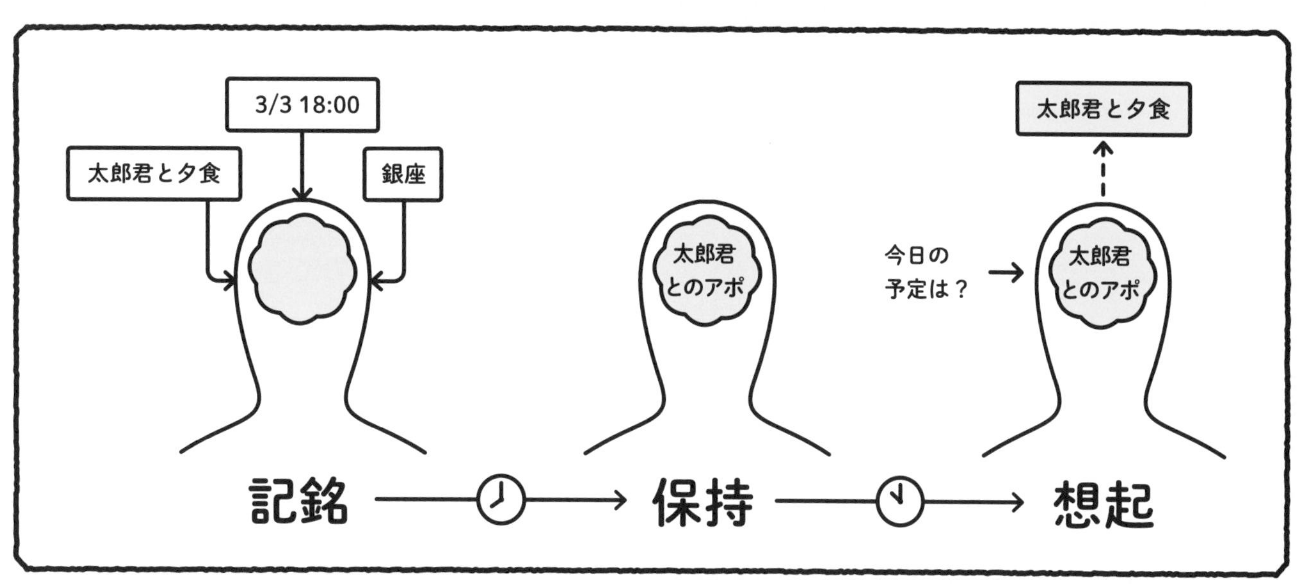

電車から降りられない?! 謎

profile

- 65 歳 男性 勤（つとむ）さん
- 郊外ベッドタウンの集合住宅居住
- 妻と娘 2人の 4人暮らし

定年退職後も、週２回電車を乗り継いで会社に通勤する勤さん。その日も、家を出て、自宅の最寄りの駅から電車に乗りこみました。地下鉄への乗り換え駅まで 20 分ほどの乗車時間だったのですが、その日は降車する「二次元銀座」駅に到着しても、降りることができず、そのまま終点まで行ってしまいました。終点で運転手さんから「どこで降りたかったんですか？」と尋ねられても……。

この出来事の背景で、勤さんが経験した認知機能のトラブルを推理してみましょう！

step 1 左の文章の中で、彼の経験した認知機能のトラブルを示している部分（推理の糸口）を探し、線を引いてみましょう。

step 2 関連しそうな認知機能障害を以下より選び、○をつけましょう。

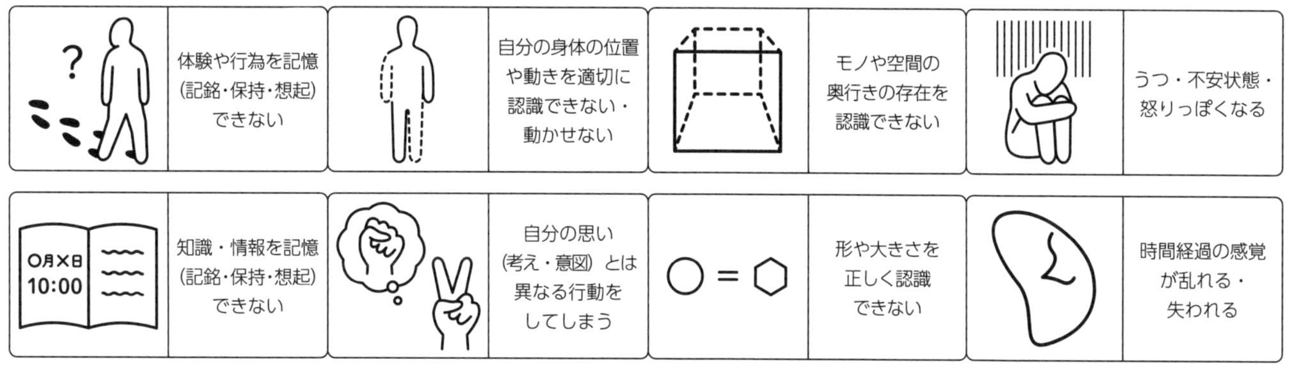

step 3 本人の心と体に何が起きているのか、どんな思いなのかを推理してみましょう。

推理

1 **駅名を聞いても、降車駅と気づけなかったのでは？**
なぜ電車に乗っているのか、わからなくなったのでは？

本人の声

「あれ！？どこ向かってるんだっけ？」

「『次は二次元銀座〜』。ふーん……」

解説

記憶のプロセス、記銘→保持→想起のいずれかにトラブルを抱えたことが理由として考えられます。

電車に乗り込んだ時は、「仕事に行く」という目的や「二次元銀座」という降車駅の情報は記銘・保持されていたとしても、移動時間の間にその記憶を保持できなくなった、もしくは降りる時に想起できなかったことが考えられます。

通常は「降りる駅はどこだっけ？」と思い出せなくても、「次は、二次元銀座〜、二次元銀座〜」という車内アナウンスを耳にすると、それをきっかけに思い出す（想起）ことができます。しかし、認知機能のトラブルにより、記憶情報の想起が難しかったことが理由として考えられます。

story
ミステリーバス P.014

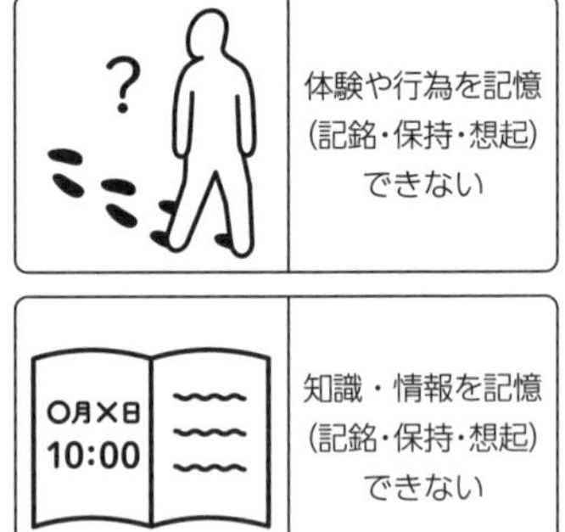

2 電車とホームの間の溝が怖くて、降りれなかったのでは？

本人の声 *「え！こんなに広い溝を飛び越えるなんて、できないよ」*

解説

サッカク砂漠（P.118）で紹介する症状です。自分と対象物（駅のホーム）との距離や溝の幅や深さなどを正確に把握することができず、実際以上に大きく広く深く見えてしまったため、恐怖心から足がすくみ、降りることができなかった可能性があります。

story
サッカク砂漠 P.118

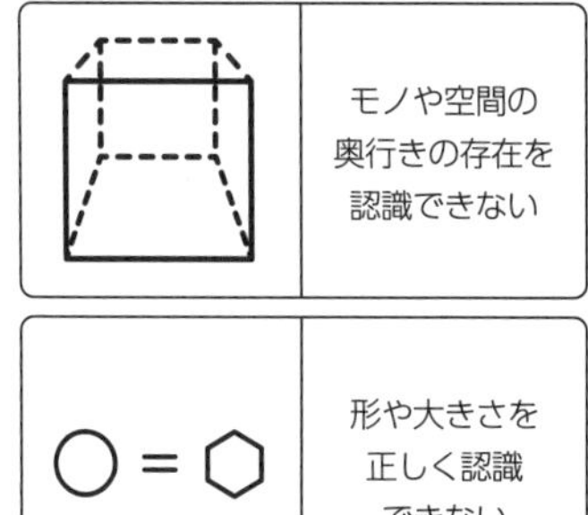

3 身体が思い通りに動かず、降車口まで行けなかったのでは？

本人の声 *「二次元銀座駅だ、降りよう。ウン！？足が……」*

解説

目的地を思い出すこと（想起）ができ、降車しようと思っていても、足が思い通りに動かず、降りられないという可能性があります。思考から行動につながる回路がトラブルを抱えているのかもしれません。

story
服ノ袖トンネル P.080

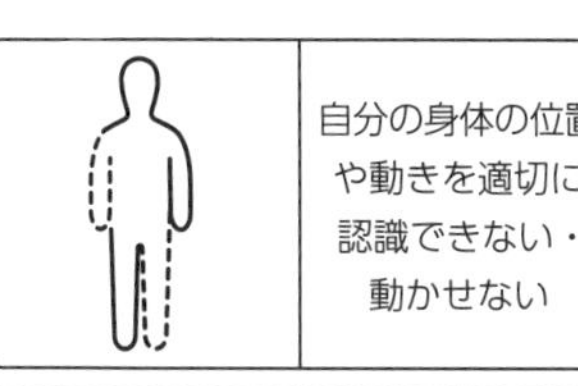

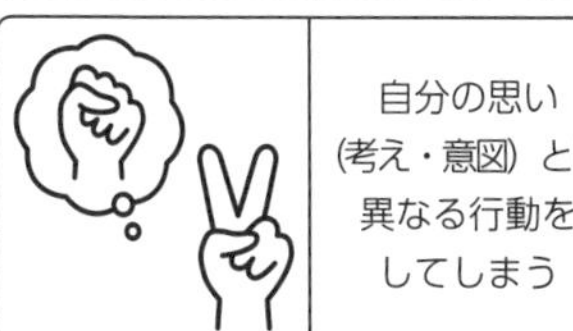

認知症により、色々なことが嫌になり、仕事に行くのが嫌になってしまったのでは？

解説

誰もが仕事や学校などで、辛いことや嫌なことがあり、行くのが億劫になってしまうという経験があるでしょう。中には、ずる休みしたことがある人もいるでしょう。

しかし、こうしたことは誰もが経験することであり、認知症による症状ではありません。

認知症に対する偏見や先入観から離れて、目の前にいる大切な方の言動に目を向けましょう。その背景にある認知機能の障害を推理しましょう。

なお、**「偏見」とは「かたよった見方・考え方。ある集団や個人に対して、客観的な根拠なしにいだかれる非好意的な先入観や判断（出典：小学館『大辞泉』）」**を意味します。認知症のある方が直面する４つの社会的障壁（→P.163）のうち、「過小評価の谷」と「ステレオタイプの岩」がその典型です。

あなたが認知症のある方ご本人、家族、行政や施設などの支援者、
介護スタッフだと仮定した場合、こんな時どうするでしょうか。
あなたのアイデアを自由にお書きください。

次のカードを発想のヒントにしてみよう！

アイデア

見える化

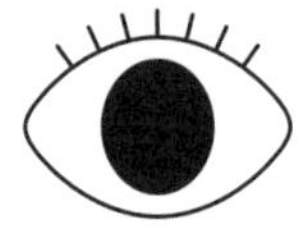

行き先や経路を書いた資料を持ち歩く

記銘→保持→想起のプロセスを補完するために、脳に記憶すべき情報を「見える化」するという方法があります。右のパスケースは若年性アルツハイマー型認知症の方に見せていただいたものを元にしたものです。

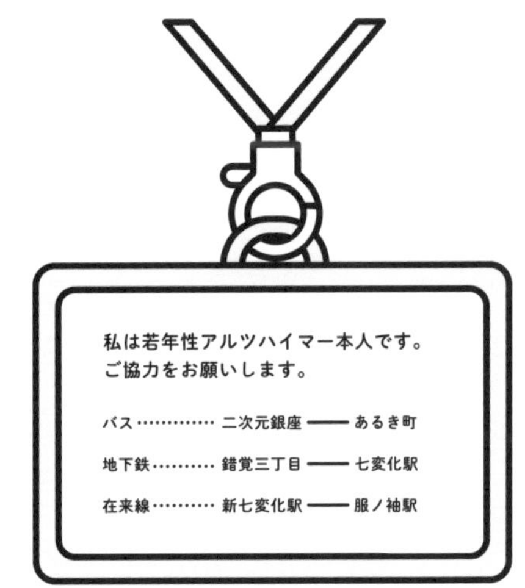

スマホ

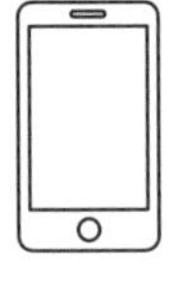

降りる時間・場所を知らせるアラームをかける

こんな時は、スマホのアラームが役立ちます。家を出る時間、乗り換えや降車の時間にアラームを設定することで、行動すべきタイミングを想起できます。また、アラームの表示を「家を出て会社に向かう」「二次元銀座駅で降りる」「アルキタイヒルズで六本木線に乗り換え」などと記憶しておくべき内容に変更しておくことで、記憶の想起に役立ちます (→P.037 スマホアラーム)。

シミュレーション

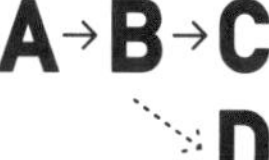

通勤経路を事前に一緒に移動して予行演習する

通勤経路をともに移動してみて、ご本人が迷いやすいポイント、困難や恐怖を感じる場所を確認しましょう。移動しやすいルートや乗車位置・降車位置などを記したオリジナルの移動地図や移動経路メモを作ることをオススメします。

店員・運転手

乗車時に、行き先を運転手に伝える

バスのような運転手とコミュニケーションが取れる交通手段の場合は、運転手の近くに立ち、目的地が近づいた時に教えてもらえるように乗車時にお願いするのも一つの方法です。

至れり尽くせり

一人で移動するのをあきらめ、自家用車で送迎する

一人での移動が困難な場合は、家族や民間サービスの送迎を活用するのも一つの手です。

ただし、本人が自分一人で移動したいという意志があるのであれば、できる限りその思いを大切にしましょう。本人がやり続けられるように、移動にともなう障壁を明らかにし、乗り越える方法をともに検討しましょう。

「できない」と諦めてしまう、周囲が代わりにやってしまうことは、本人の尊厳を損ない、認知機能の低下にもつながります。

トキシラズ宮殿

この宮殿を出た時、あなたはおいくつ？

認知症世界。この世界には、正しい時の流れの感覚を完全に失ってしまう、世にも奇妙な現代版・竜宮城があるのです。

ほんの数分音楽を聞いていただけのはずなのに、半日経過する部屋。ランチを食べようとしたら、いつの間にか真っ暗なディナーの時間になっている食堂。そして、数十年前の結婚式の思い出が、昨日のことのように感じられる教会……。
そう、この宮殿の時計の針は一定のリズムでは刻まれず、独自の時を刻むのです。亀が泳ぐようにゆっくりと流れることもあれば、トビウオのようにひとっ飛びで進んでしまう……。
そんな気まぐれな時の海流を、あなたは泳ぎ切れますか？

トキシラズ宮殿の背景

時を刻む速度は自由気まま

楽しい時間はあっという間に過ぎます。つまらない話はいつまでも続きます。大型連休や夏休みになると、ふと今日が何曜日なのかわからなくなることがあります。海外旅行中の時差ぼけや徹夜続きの後など、今何時かわからないことはよくあります。時の刻む速度は一定のように思えて、感情や生活リズムによって変わるものなのです。

時間感覚が歪む

料理に慣れている人なら、パスタを茹でる10分間、そうじゃない人でも、カップラーメンをつくる3分間がどのくらいかは、感覚的になんとなくわかるはずです。もちろん、そろそろ10分かなと思ったら、それが8分だったり15分だったりと、多少のズレは誰にでもあるでしょう。

しかし、認知症に伴う時間感覚のトラブルを抱えている場合、ふと気づいたときには、数時間経過してしまう、あるいは時間が経過している感覚そのものを失ってしまうことがあるのです。

時間感覚のトラブルは３種類あります。

①長短の感覚の歪み

②24時間・朝昼晩の歪み

②出来事の前後、時期の感覚の歪み

①と②は私たちの身体の中にある体内時計のずれから生じていると考えられます。

③は、アルキタイヒルズ (→P. 050) のストーリーと解説をご覧ください。

体内時計がズレる理由

体内時計とは、「人が体内に持っている約24時間周期のリズム」を意味します。このリズムは、１つの時計で刻まれるのではなく、脳、臓器、皮膚などの細胞１つひとつに時計があり、互いに作用しながらリズムを刻んでいます。そのため、すべての時計がばらばらにズレないように身体の中で細かく調整機能が働いています。この調整機能が乱れる要因がいくつかあります。

１つ目は、認知症による脳の視交叉上核のトラブルです。ここは太陽光を感知して、体内全ての時計のズレを整えるマスター時計の役割を持っています。

２つ目は身体の様々な感覚器官から入ってくる知覚情報のトラブルです。朝食を食べると、味噌汁の塩分が体の中に入り、胃や肝臓が働きはじめます。体内に入るこうした情報で、身体は「朝」を認知しています。しかし、感覚が鈍ることで（→P.084 七変化温泉）、きちんと「朝」を認識できず、時計がズレてしまいます。

３つ目は生活習慣の変化によるトラブルです。加齢や疾患の影響で外出が減ると、太陽光を浴びる時間が減り、マスター時計（脳の視交叉上核）が機能しにくくなります。

そもそも、時間の感覚とは個人の感情や生活習慣など、ちょっとしたことで誰もが狂うものなのです。

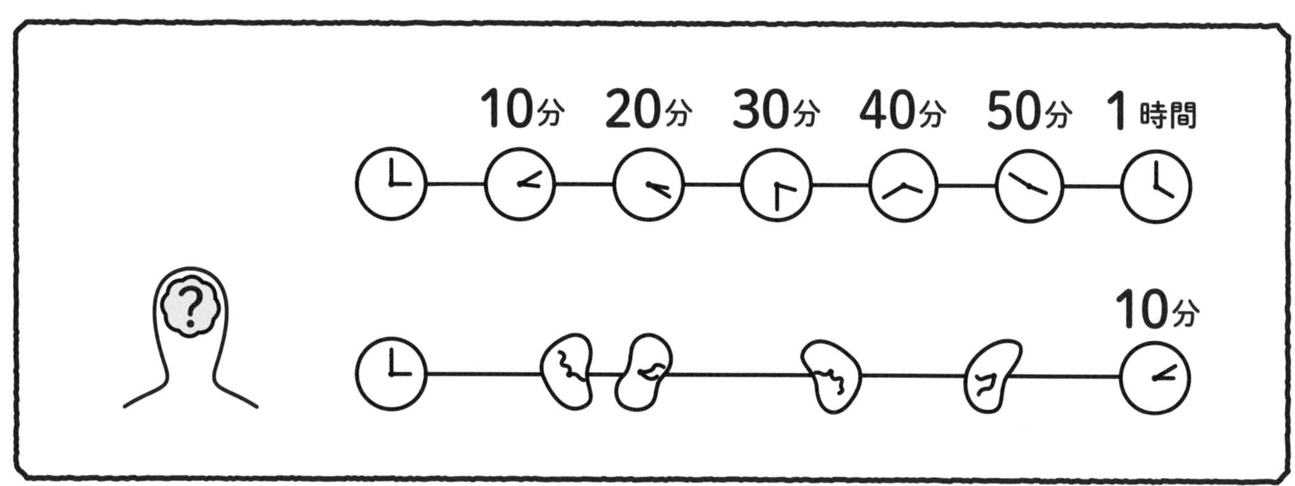

何度も何度も食べたくなる?! 謎

profile

- 78 歳女性　愛味子（えみこ）さん
- 都心下町のマンション在住
- 7つ下の夫と犬と 2 人暮らし

三食の食事をいつも時間通り規則正しく食べる愛味子さん。
最近、どうも様子が変です。今日も6:00に起床し、犬を散歩した後に、8:00 に白いご飯と大好きな納豆、焼き魚を美味しくいただきました。しかし、食べ終わって 30 分も経っていない 9:00 には、「朝ご飯はまだなの？」「お腹がすいてたまらない！」と言うのです。
「さっき食べたばかりでしょう！」と言っても、「ウソをつかないで！」と怒ってしまい……

この出来事の背景で、愛味子さんが経験した認知機能のトラブルを推理してみましょう！

step 1 左の文章の中で、彼女の経験した認知機能のトラブルを示している部分（推理の糸口）を探し、線を引いてみましょう。

step 2 関連しそうな認知機能障害を以下より選び、○をつけましょう。

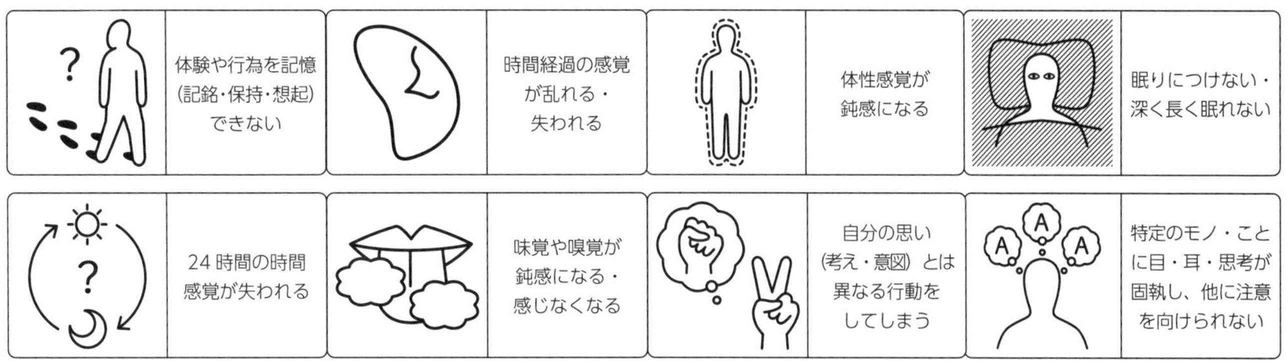

step 3 本人の心と体に何が起きているのか、どんな思いなのかを推理してみましょう。

推理

1　食事をした記憶が残っておらず、食べていないと思い込んでいたのでは？

本人の声　*「こんな時間だけど、ご飯食べたっけ？ 朝ご飯は何だろう？」*

story
ミステリーバス P.014

体験や行為を記憶(記銘・保持・想起)できない

解説

「朝食を食べた」ということを記銘・保持・想起できない記憶のトラブルに陥った可能性があります。

2　まだ早朝で、たった今起きたばかりだと感じていたのでは？

本人の声　*「おはよう。まずは朝食を食べないと1日が始まらないわ」*

story
トキシラズ宮殿 P.026

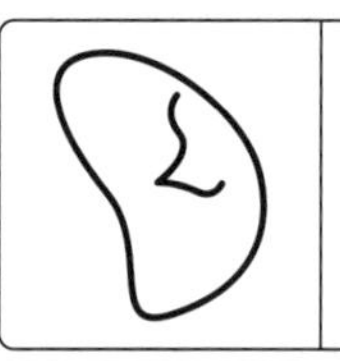
時間経過の感覚が乱れる・失われる

24時間の時間感覚が失われる

解説

時間感覚のトラブルにより、起床から3時間経過しているにもかかわらず、まだ起床したばかりだと認識しており、「起きたので、朝ごはんを食べなければ」と思っている可能性があります。

3 身体が空腹感を強く感じていたのでは？

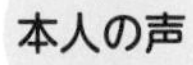

「お腹が空いて、たまらないわ～」

解説

体性感覚のトラブルにより、食事直後にもかかわらず、満腹感を覚えず、空腹感を強く感じて、食事を欲している可能性があります。
家族の配慮により食事の量が少ないため、もしくは犬の散歩に行ったため、まだお腹が空いているのかもしれません。

story
七変化温泉 P.084

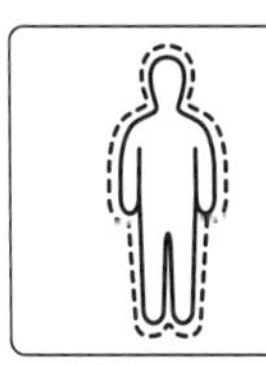
体性感覚が鈍感になる

味覚や嗅覚が鈍感になる・感じなくなる

**過食症状が出て、理由なく食の欲求が高まったのでは？
食べることが大好きだったのが、
認知症によりそれが顕著になったのでは？**

解説

「過食」「異食」など、BPSD（Behavioral and psychological symptoms of dementia）と呼ばれる認知症の行動・心理症状を表す言葉は、ご本人の行動を表面的に表現した言葉であり、適切な表現ではありません。
「認知症だから」と一括りにすることなく、行動の背景に必ず存在する理由、認知機能の障害を丁寧に探りましょう。

あなたが認知症のある方ご本人、家族、行政や施設などの支援者、介護スタッフだと仮定した場合、こんな時どうするでしょうか。
あなたのアイデアを自由にお書きください。

次のカードを発想のヒントにしてみよう！

アイデア

スマホ

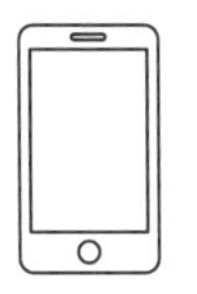

本人と相談して、食事時間を知らせるアラームをかける

時間感覚のトラブルにもスマホのアラームが役立ちます。

好きな音楽やメッセージとともに「食事タイム」を伝えることで、本人にとっても、食事の時間を正しく認識するきっかけになることでしょう。「お気に入りの音楽が鳴る→食事をする」のが楽しみになるかもしれません。

スマホを持っていない場合は、目覚まし時計などでも代替可能です。

ただし、本人に無断でアラームを設定するのではなく、本人と相談してかけるようにしましょう（→P.037 スマホアラーム）。

スロー

役者

「お腹が空いたねぇ」と同意し、「何を食べようか？」などと対話する時間を持つ

「食事をしていない」という本人の主張が事実とは異なっていたとしても、「今、空腹である」「食事を食べたい（食べなければならない）」というのは、「本人の世界の中では確実に存在する事実」であると受け入れましょう。

本人の主張に同意して、本人の世界のストーリーを元に対話を交わし、ゆっくりとした時間を過ごしましょう。しばらくしている間に、食事したい気持ち、空腹感がおさまることがあります。

気分転換

お茶やお菓子などで空腹を満たしながら、ゆったり過ごす

「お腹が空いている」ということを受け入れ、お茶を飲んだり、お菓子をつまんだりしながら、ゆったりと時間を過ごしましょう。しばらくしている間に、食事したい気持ち、空腹感がおさまることがあります。

見える化

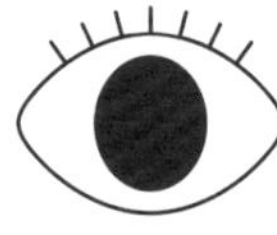

食事の写真を撮影し、記録に残しておく

曖昧になる記憶を補完するために、ご本人とともに食事を撮影し、記録に残しておくのも一つの方法です。食事に限らず、日常生活や風景を写真撮影することは、本人の楽しみになるかもしれません。

説得・主張

注意！

何時何分に何を食べたという事実を正確に伝え、説得する

いかに論理的に「正しいこと」を伝えたとしても、認知機能にトラブルのある本人にとっては「朝食を食べていない」「お腹が空いている」というのは「確かな事実」です。説得することは困難です。本人が抱えるトラブルを推理し、その問題を解消できる手段をともに考えましょう。

至れり尽くせり

注意！

お腹が空いていることを受け入れ、再度食事を提供する

食事を必要以上に提供することは、健康を害するため避けましょう。
何度も食べたいと繰り返す場合は、食事を前もって小分けにしておいて、食事の回数を増やして少量ずつ提供するのも一つの方法です。

時間管理の強い味方

スマホアラーム

詳細な使い方はこちら

最近薬を飲み忘れたり、電車で降り損ねたりすることが多くてね〜

多くの方が保有しているスマホのアラーム機能は認知症のある多くの人にすぐに役立つ最強ITツールです。アラームを鳴らすだけでなく、独自の名称をつけることで、その時間にやるべきことを思い出すことができます。可愛いメッセージやお気に入りの音楽を鳴らす工夫を凝らすことで、その時間が楽しみになるでしょう。

こんな時に

- 電車を降りる駅と時間がわからない
- 食事・歯磨き・お風呂等の日常の生活習慣のタイミングがわからない
- トイレのタイミングがわからない
- お湯を沸かす時など、調理時間がわからない
- 仕事や通院など、大切な予定を忘れてしまう

TITANIC

創作劇場タイタニック

結末はあなたのクリエイティビティ次第

認知症世界。この世界には、自分が思い描いたストーリーが現実のものとして現れる、脚本・監督を自分自身で楽しめる劇場があるのです。

この劇場で楽しめる演目は、奇想天外の一言。
タイタニック号からドローンで生還したり……。
貧しいシンデレラを救うはずの王子様が公費を使い込んで逮捕されてしまったり……。
恋多き女、白雪姫が、小人たちと次々アバンチュールを楽しんでいたり……。
じゅげむの名前が呼ばれていくうちにどんどん変わり、最後にはハリウッドスターの名前になったり……。なんでもあり。
今日はどんな新しい名作ストーリーがこの劇場から生まれるのでしょうか？ 乞うご期待！

創作劇場タイタニックの背景

記憶の喪失を埋める人間の創造性

・地球と月の定期ロケット便で月観光
・どこでもドアで世界中に瞬間移動
・世界中の誰とでも無料でテレビ電話

上２つはまだ現実社会で実現していませんが、３つめはスマホとインターネットのおかげで既に実現しているストーリーです。

私たち人間には、現実社会では起こり得ないこと、未来に起こりうることを想像し、物語を創造・実現する力が備わっています。

記憶を補う想像力と創造力

昨日まで確実にあった１万円札が財布からなくなったら、どう思うでしょうか？実はあなた自身が買い物をしたのですが、魔法でその記憶を消されてしまったとします。そんな時、次のように考えたとしても、自然なことではないないでしょうか。

お財布の中にあるはずのお金がない
→自分は最近使った覚えがない
→誰かが盗んだ以外に考えられない

その結果、
「泥棒が入ったのかもしれない」
「息子が黙って持って行ったのかも」
「屋根裏部屋に住む妖精の仕業？」

そんなことを頭の中であれこれと想像し、自分なりにありそうなストーリーを創造してしまうこともあるでしょう。

周囲からすると、おかしなことや嘘を言っているように思えるかもしれませんが、本人の中では筋道が通っているのです。それなのに、「嘘をついている」「間違っている」などと頭ごなしに非難されてしまうと、どう思うでしょうか？ つい感情的になってしまうのも、当然ですよね。

認知症により、脳の特定の機能が少し弱まることで、感情や言動を抑えるのが難しくなり、思わず感情的になってしまうことが原因の場合もあります。

不安や焦燥感が生む否定的ストーリー

「家族全員で自分を仲間はずれにしている」

「私の財産と命を狙っている」

「夫は浮気しているに違いない」

事実でないことを疑われて、傷つく経験をした方もいるかもしれません。

でも、次々と記憶が消えたり、自分ではしっかりやったはずなのに間違っていたり、以前はできていたことが､なぜかできなかったりする日々の中であなたは穏やかでいられるでしょうか。認知症のある人の否定的・な解釈や発言の奥には、実は大きな不安・混乱・苦悩、それを周囲に理解してもらえない孤独感が隠れているのです。

人間は考える生き物です。認知症のある方は、記憶や状況理解が曖昧になる中で、自分なりに必死に考え、理解しようと試みているのです。その結果、思いがけない創造的ストーリーが生まれるのです。

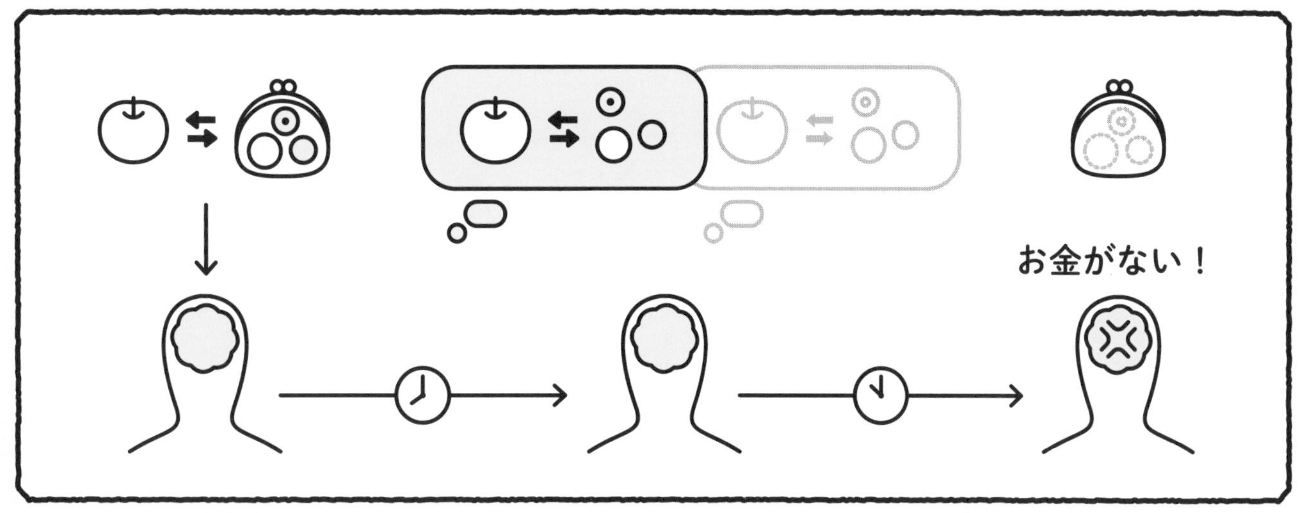

消えた?! 財布の謎

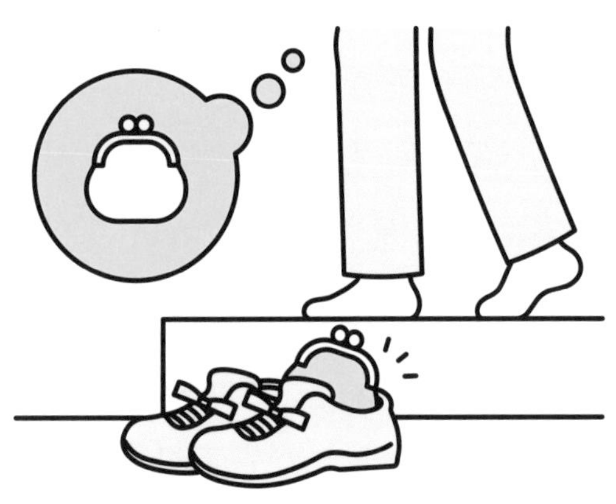

profile

・82歳女性　布子（ぬのこ）さん
・地方圏小都市の集合住宅居住
・公務員の息子と２人暮らし

夕飯の買い物に行こうと思った布子さん。
家の中で何かを探しているようです。どうやら、いつも必ず置いている場所に、財布が見当たらないようです。
同居している息子に「財布がどこにあるか知らない？ ついさっきまでタンスの中にあったはずなんだけど……」と尋ねました。
息子は「知らないよ」とそっけない一言。
その態度から、息子が盗んだと思い込んでしまい、大喧嘩に……
数時間後、玄関の靴の中から発見されました。

この出来事の背景で、布子さんが経験した認知機能のトラブルを推理してみましょう！

step 1 左の文章の中で、彼女の経験した認知機能のトラブルを示している部分（推理の糸口）を探し、線を引いてみましょう。

step 2 関連しそうな認知機能障害を以下より選び、○をつけましょう。

step 3 本人の心と体に何が起きているのか、どんな思いなのかを推理してみましょう。

推理

1　息子が盗んだ以外の理由が考えられなかったのでは？

本人の声

「え？ なんで財布が無いの？ さっきまであったのに。
ということは……」

解説

財布を見たばかりと誤認識し、唯一在宅している息子が盗んだ以外に考えられない。そんなストーリーが展開されている可能性があります。こういう場合、ご本人は家族を疑いたくない、盗んだなんて信じたくないという思いの中、苦渋の決断でこういう発言に至っているケースが大半です。

story
創作劇場タイタニック P.038

時間経過の感覚が乱れる・失われる

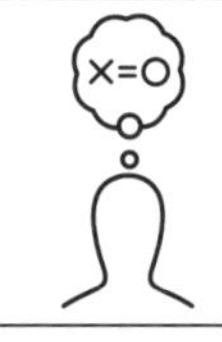

誤りや事実でないことを正しいこと・事実と思い込んでしまう

2　自分で靴の中に入れたことを忘れてしまったのでは？

「出かける時に財布を忘れないためにどうしようか？
そうだ！ 靴に入れておけば、忘れないはず！」

解説

自分なりに忘れ物防止法を考えた結果、外出時に必ず使う靴の中に入れようと思ったのかもしれません。自分が抱えるトラブルを自分なりに解決しようと試行錯誤しているのです。

story
ミステリーバス P.014

体験や行為を記憶（記銘・保持・想起）できない

3 不安・焦燥感から、息子の言動を否定的に解釈してしまったのでは？

本人の声 「うーーん、あぁぁぁ。息子に違いない……」

解説

認知症の診断を受けたことや、症状が進行していくことなどが原因で、ご本人は不安な気持ちを抱えていることが多いでしょう。そんな時には周りの言葉を前向きに理解するのが難しくなります。息子さんのぶっきらぼうな発言に傷つき、「息子は嘘をついているに違いない。そういえば、小さい時にお菓子をよく盗み食いしていたし」、そんなストーリーができあがってしまったのかもしれません。

story 創作劇場タイタニック P.038

見聞きした話・情報を否定的に解釈してしまう

うつ・不安状態・怒りっぽくなる

攻撃的になり、家族に八つ当たりしていたのでは？

解説

認知症により「攻撃的・暴力的になった」というのは偏った考え方です。「財布を盗まれた」と思うのは、彼女が生きる世界で何らかの理由があるはずです。丁寧に対話し、理由を推理しましょう。

あなたが認知症のある方ご本人、家族、行政や施設などの支援者、介護スタッフだと仮定した場合、こんな時どうするでしょうか。
あなたのアイデアを自由にお書きください。

次のカードを発想のヒントにしてみよう！

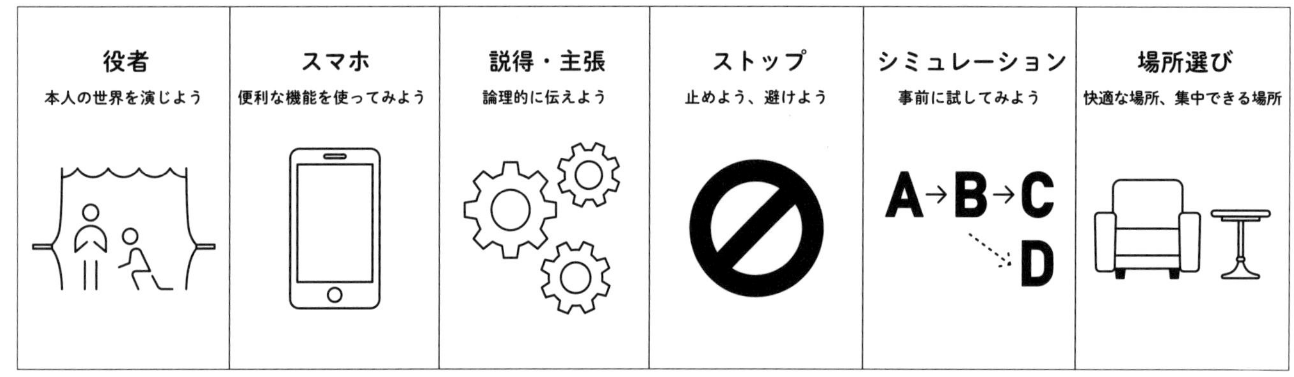

アイデア

役者

しばらく家の中を一緒に探してみる

「タンスの中にあったはずの財布がない」という本人の主張が、事実とは異なっていたとしても、本人の世界の中では「確かな事実」であると受け入れましょう。
あなたはその世界をともに生きる「役者」です。本人の世界で起こっているストーリーを受け入れ、そのストーリーの背後にある本人の思いへの理解を深め、ともに行動してみましょう。「どこに行っちゃったのかな？」「一緒に探してみようか？」などと話している間に、本人の感情が落ち着きを取り戻し、平常に戻ることがあります。

スマホ

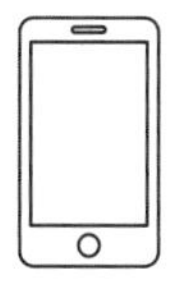

スマホで探索可能な忘れ物防止のタグを貴重品につける

ついつい忘れがちな財布、カギなどの現在地を探索できるスマートタグと呼ばれる商品があります（→P.049 忘れモノ防止タグ）。家の中など、近くにあれば、音を鳴らして探すことができます。離れた場所に置き忘れてしまった場合は、スマホやパソコンで現在ある場所を探すこともできます。
こういうツールを使う時は、本人と相談して一緒に決めて、一緒に設定するようにしましょう。自分の大切なものを自分で管理するという心構えを持ち続けることは大切です。

場所選び

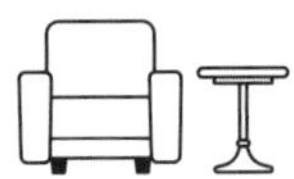

貴重品の保管場所を話し合い、わかりやすい場所に置くようにする

ご本人の生活の導線上で、視認性の高い場所を見つけ、貴重品をそこに置くことを習慣づけましょう。その場所に大きな文字で「財布」などとわかりやすいサインをつけるのもオススメの方法です。「どこに置いておくとわかりやすいだろう？」とご本人と相談しながら置き場所を決めてみましょう。

説得・主張

注意！

他人のせいにした事実を論理的に説明し、叱責する

泥棒扱いされてしまい腹がたち、感情的に叱責する。論理的に詰問する。「犯人呼ばわりして不愉快だ」と伝える。こんなことを、誰でもついついしがちです。しかし、認知機能にトラブルのある本人にとっては、「ついさっきまでタンスの中に財布はあった」のは「確かな事実」です。その確かな事実のもとで、「息子以外に考えられない」という苦しみ悩んでたどり着いた結論だということを受け入れましょう。

ストップ

注意！

お金を一切本人には渡さない、周囲が管理する

取り上げる、禁止する、諦めることは、本人の尊厳を損ないかねません。
また、お金を自分で管理する、買い物を一人で行うなどの自立した生活を可能な限り継続することが、認知機能の維持にもつながります。
できるだけ、今まで通り本人が続けられるように、障壁を明らかにし、乗り越える方法を検討しましょう。

もうこれで置き忘れても大丈夫！

忘れモノ防止タグ

詳細な使い方はこちら

あれ？スマホはどこ？
財布を置き忘れた！？

財布、家の鍵、スマホ、カバンなどなど。大切なものを外出先で置き忘れてしまう。自宅の中で洋服の山に埋もれて、どこにあるかわからなくなってしまう。そんな方におすすめなのが、スマホやパソコンと連動し、忘れ物を防ぐスマートタグ“MAMORIO”です。iPhoneをお使いの方は、Apple社のAirTagも設定が簡単なため、おすすめです。

こんな便利な機能が

- 近くにあるのに見つからない場合、スマホから音を鳴らして探索が可能
- どこかに置き忘れた場合（手持ちのスマホから離れた場合）、警告メッセージが表示
- スマホで現在ある場所を表示・探索が可能

ARUKITAI
HILLS

アルキタイヒルズ

思い出のタイムトラベルから、抜け出せるか！

認知症世界。この世界には、いつの間にかタイムスリップしてしまい、思い出とともにどんどん歩みを進めたくなる不思議な街があるのです。

小高い丘に広がる高級住宅街・アルキタイヒルズ。ここを訪れた誰もが「懐かしいなあ」という言葉を口にします。実はこの街を歩いていると、誰でも、それぞれの忘れがたい思い出が次々と、ひとりでに呼び起こされるのです。
現役刑事だった頃、一晩中張り込みした記憶。絶世の美女との夢のような１日。友人の科学者が発明した空飛ぶスケートボードで飛び回った思い出……。昔の記憶があたかも今、起きているかのように感じられ、夢中で当時と同じ行動をとってしまうのです。

アルキタイヒルズの背景

思い出を巡るタイムトリップ

たとえば、久しぶりに地元へ帰省した際、思い出の場所を訪れ、懐かしい気分になり、少しの間タイムスリップしてしまう。そんなことありますよね。散歩をしていると、「ここは幼馴染とよく遊んだ公園、あっちは学校終わりに通った店だな……」と、街の風景と自分の記憶を結びつけ、懐かしい思い出に浸る時間は、なんとも心地よく、楽しいものです。

脳の奥に眠っている過去の記憶はふとしたことで生々しく蘇り、私たちの感情や行動に強く働きかけるのです。

無目的に歩き回っているように見える理由

「深夜に、認知症の方が徘徊するので困っている」という話をよく聞きます。「徘徊」という言葉は「あてもなく歩き回ること」を意味します。しかし、認知症のある方は「あて（見込み。見当）」もなく歩き回っているわけではないので、不適切な言葉です。

家の外に出るには、必ずなんらかの理由があります。毎朝、出勤する。子どもを迎えに行く。夕方に買い物に行く…… など、人それぞれです。過去の大切な思い出や長年の習慣に基づいていることが大半です。

深夜に出かけるのは、時間感覚のトラブル（→P.026 トキシラズ宮殿）により、深夜を夕方の買い物の時間帯と誤認してしまっているのかもしれません。

また、家を出る際には、「スーパーに買い物」という明確な目的を持っていても、歩いている途中で自分はなぜ外に出たのか、どこに向かっていたのか忘れてしまうことがあります（→P.014 ミステリーバス）。そのタイミングで外出の理由を尋ねられても、本人も説明できません。同時に空間認識のトラブル（→P.054 二次元銀座商店街）を抱え、街の中で迷ってしまうこともあるでしょう。その結果、周りから見ると、あてもなく歩き回っているように見えてしまうのです。

夕方になると自宅に帰りたくなる理由

夕方になると感情が昂ったり、家に帰ろうとしたりする（自宅や施設等の現居住にいたとしても）ことがあります。これも同様に、昔の記憶が蘇り、今いるところが自宅だとは思えず、帰ろうとしていることが原因の一つとして考えられます。

認知症の進行への不安・孤独感・同居者との人間関係からのストレスが、「(この家ではない）落ち着くことのできる場所に帰りたい」という気持ちを誘発しているということもあります。

認知症のある方を含め、全ての人にとって、昔の心地よい思い出はかけがえのない財産であり、とても大切なものなのです。

二次元 銀座

二次元銀座商店街

あなたは無事目的地にたどり着けるのか？

認知症世界。この世界には、何度訪れても必ず迷い、目的地にたどり着く前に必ず寄り道をしてしまう、摩訶不思議な商店街があるのです。

この世界で最も賑やかな通り、二次元銀座。この街では、目の前の風景が平面の絵のように見えるため、「近い」「遠い」という感覚があまりありません。目の前の二次元の景色が全てなので、自分の位置を空から俯瞰して描かれた「地図」は存在しません。そのうえ歩いていると、東西はふいに入れ替わり、案内板の矢印はあらぬ方向を指し、目印にしている建物は突如消えてしまう、カラクリの街……。
この街を歩く人々は、どうやって目的地に着くというのでしょうか？

二次元銀座商店街の背景

絵葉書の世界に迷い込んだら

地図を読めない、東西南北がわからない、そんな自称「方向音痴」の人は多いですよね。初めて訪れる駅に降り立ったら、多くの人はまずはスマホの地図アプリを確認するでしょう。でも、地図を見ても自分がどっち向きに立っているのかわからず、スマホを片手に逆方向に歩いてはまた戻って…… という経験がある人も多いでしょう。

方向感覚を失う理由

見慣れた道でも、自宅や施設のような限られた空間でも迷ってしまう、元の場所に戻れないという認知症のある方がいます。そのようなトラブルはなぜ発生するのでしょうか？

その原因を探るヒントとなるのが、ある認知症の方がおっしゃっていた「街中や駅で見かける矢印の指す方向がわからない」というお話です。どうやら、その方には上向きの矢印が直進には見えず、上、すなわち２階や空を表しているようにしか見えないようで、混乱してしまい、進めなくなることがあるというのです。

なぜ、上向きの矢印が「直進」ではなく、「上」を表すとしか見えないのか。それは認知症のある方の多くが空間の奥行きを認識する機能にトラブルを抱えるためです。つまり、見えている景色がまるで絵葉書を見ているように、平面（二次元）に見えてしまっているのです。絵葉書の中で「上」と言えば、それは奥のものではなく、上空のものを指しますよね。

逆Ｕ字の矢印（右ページ）は特に混乱を招くようです。「え！？ 一度上に飛び上がってから、地下に潜るの？」、言われてみれば、そう言われているようにも思えます。「左からぐるっと回り込む」とも解釈できますし、認知症のない方でも、混乱してしまうことがあるでしょう。

私は職業柄、街中でこうした矢印を注意深く見るのですが、この社会にはわかりにくい矢印があふれています。特に地下のように、東西南北の方向感覚を失いがちな空間にある矢印は混乱を招きます。

また、視界が狭くなり曲がり角が目に留まらない、「直進して 2 本目の角を右」と言われても、見えていない道や建物を想像できない（→P.066 ホワイトアウト渓谷）、街の中の目印（なじみの店、施設、看板、木など）を記憶に留められない（→P.014 ミステリーバス）、など様々な理由により、街中や建物の中が異次元空間に感じられ、迷ってしまうと考えられます。

こういうことって、身に覚えがある方はたくさんいるのではないでしょうか？

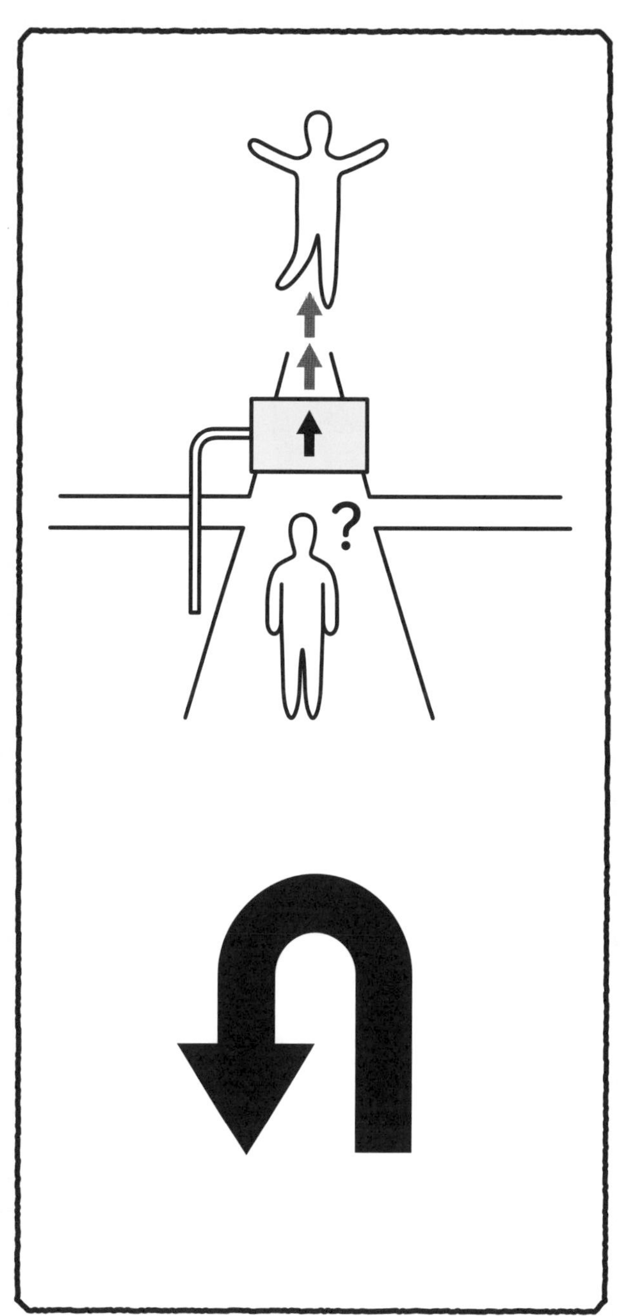

歩きたくなる ?! 集めたくなる ?! 謎

profile

・75 歳男性　歩(あゆむ)さん

・地方中核都市　住宅地在住

・妻と娘の３人暮らし

早朝５時頃に起きる早起きの歩さん。

起きるとたいてい一人で外に出て行きます。パジャマにお気に入りのジャケットを羽織り、家族に「行ってきます」としっかり挨拶をして、玄関を出ていくのです。何度も引き留めましたが、その度に「何をするんだ！ 間に合わないだろ！」と聞き入れません。

最近はいつもどこかで道に迷い、ご近所の方やお巡りさんに連れて帰ってきてもらうのです。そして、帰って来た時はカバンに雑草やら枝やら花やら、植物がぎっしり……

この出来事の背景で、歩さんが経験した認知機能のトラブルを推理してみましょう！

step 1　左の文章の中で、彼の経験した認知機能のトラブルを示している部分（推理の糸口）を探し、線を引いてみましょう。

step 2　関連しそうな認知機能障害を以下より選び、○をつけましょう。

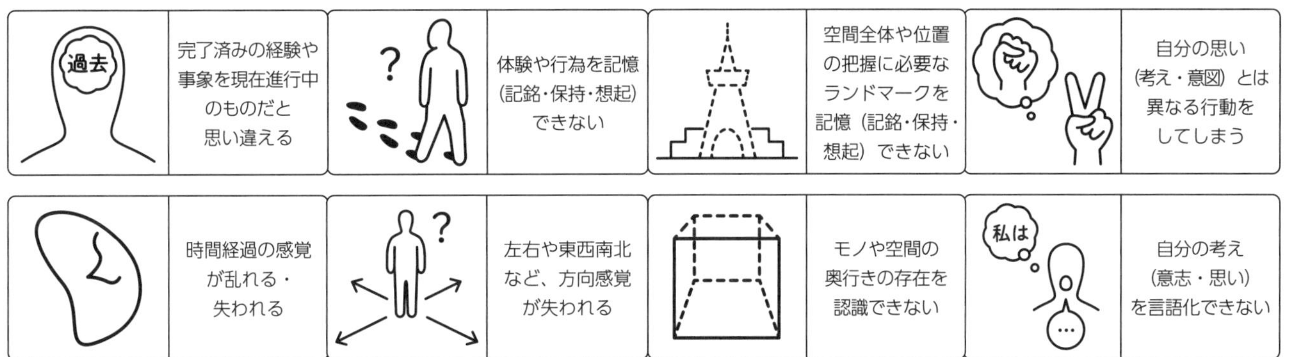

step 3　本人の心と体に何が起きているのか、どんな思いなのかを推理してみましょう。

推理

1　**職場に出勤し、自分の仕事をやり遂げようとしていたのでは？**

本人の声

「今日は予定が詰まっているから、急いで家を出ないと！」
「陳皮、芍薬、桂皮を調合して……」

解説

時間感覚のトラブルを抱えている可能性があります。自分が若かりし頃、例えば働き盛りであった30代の頃に記憶がタイムスリップしているのかもしれません。その当時の本人にとって、毎日通勤するのは当然の日課であり、仕事のために外出しようとしていると考えられます。
また、「植物を集める」という行動も、ご本人の過去の生活歴と関係している可能性があります。
ある認知症のある方は、若い頃、製薬会社の研究開発担当で漢方薬製造に必要な植物の栽培や採取を日常的に仕事で行っていました。この過去の体験が「植物を集める」という行動につながっていたと考えられます。

story
アルキタイヒルズ P.050

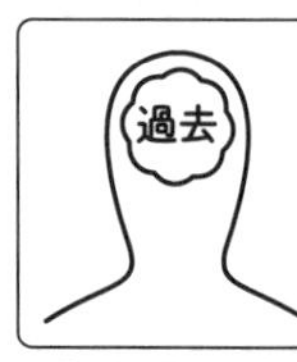

完了済みの経験や事象を現在進行中のものだと思い違える

時間経過の感覚が乱れる・失われる

2

歩いている間に、目的地がわからなくなってしまったのでは？

本人の声　「あれ？どこに向かってるんだっけ？」

解説

記憶のプロセス、記銘→保持→想起のいずれかの機能にトラブルを抱えたことが理由として考えられます。家を出る際は仕事に向かうという明確な意図があったものの、その記憶が歩いている間に保持されなかった、想起できなくなった可能性があります。

story
ミステリーバス P.014

体験や行為を記憶（記銘・保持・想起）できない

3

自宅に戻ろうと思ったが、道に迷ってしまったのでは？

本人の声　「あれ？ここはどこだ？うちはどっち？」

解説

空間機能のトラブルにより、東西南北や左右、奥行きの感覚が損なわれたことで、家を出てしばらくした後に、道に迷ってしまった可能性があります。
その結果、自宅に戻ることができず、自宅を探し求めて歩き回っていたのかもしれません。

story
二次元銀座商店街 P.054

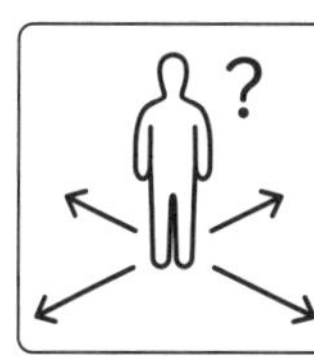

左右や東西南北など、方向感覚が失われる

空間全体や位置の把握に必要なランドマークを記憶（記銘・保持・想起）できない

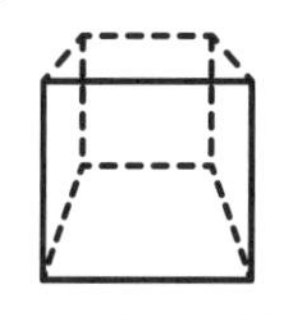

モノや空間の奥行きの存在を認識できない

家族のことが嫌になり、家から逃げ出そうとしたのでは？

徘徊症状が出ており、特に理由もなく歩き回ってしまったのでは？

解説

認知症のある方の中には、「家族からいつもいつも怒られるのが嫌だ」「いつも怒らせてしまうのが辛い」、そんな思いから家から逃げ出そうとする方もいます。

また、誰もが人間関係にトラブルを抱え、家や職場、学校から逃げ出してしまいたくなることはあるでしょう。こういうことは誰もが経験しうることであり、認知症による症状ではありません。

認知機能のトラブルにより、日常生活に困難を抱えていることを理解し、本人が「できないこと」が色々あることを受け入れましょう。

また、徘徊という言葉は「あてもなく歩き回ること」を意味します。本人の中には、外出の理由（あて）が必ずあるため、「徘徊」という言葉は不適切です。丁寧に対話し、行動の背景にある理由を推理しましょう。

あなたが認知症のある方ご本人、家族、行政や施設などの支援者、介護スタッフだと仮定した場合、こんな時どうするでしょうか。あなたのアイデアを自由にお書きください。

次のカードを発想のヒントにしてみよう！

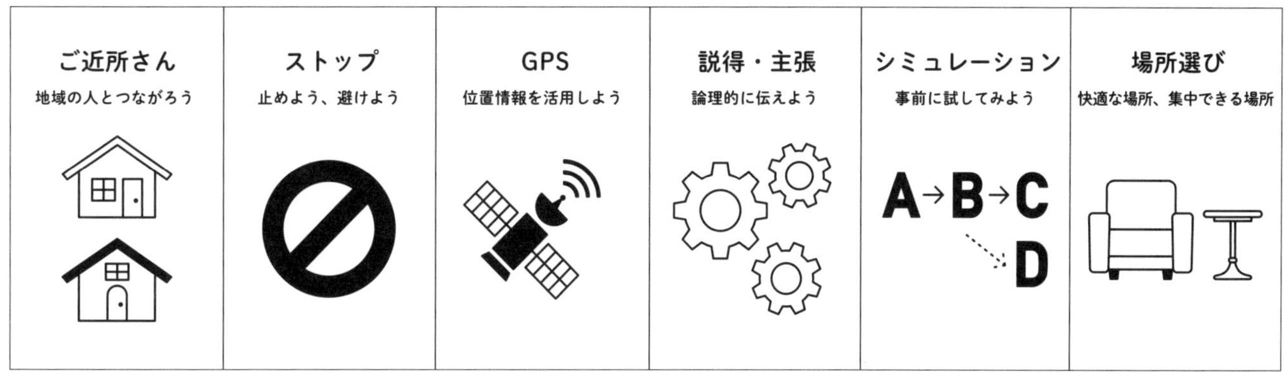

アイデア

ご近所さん

ご近所の方や近隣のお店に事前に疾患・症状のことを伝えておく

認知症のある方ご本人が道に迷ってしまった場合、転倒等の事故があった場合などに頼りになるのがご近所の方々です。普段から密接にコミュニケーションをとっておき、可能な限り、ご本人の症状を理解してもらっておくことで、大きな事故を避けることができます。
普段から、ご近所の方と交流する機会、地域のまちづくりの場などに参加し、色々な人と出会い、関係を築いておきましょう。

シミュレーション

A→B→C
D

家の周りを散歩し、安全かつ本人が居心地の良い場所やルートを確認する

家の周りをともに移動してみて、ご本人が迷いやすいところ、困難や恐怖を感じる場所、心地よい場所や移動しやすいルートを確認しましょう。
自宅周辺で迷ってしまった場合には、馴染みのあるルートや居心地の良い場所（公園のベンチ、バス停など）に留まっている可能性があります。

場所選び

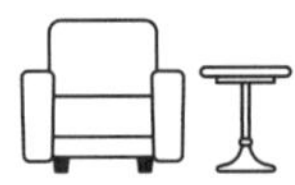

GPS

本人と相談して、GPS機器を常に持ち歩く

道に迷ってしまうトラブルを防止するために、GPS機器やGPS機能付スマホなどを常に持ち歩き、家族や支援者が現在地を検索できるようにする方法があります。
ただし、本人と事前に相談し、同意の上で使用することにしましょう。
同意した上で持ち歩くことになると、本人自身が安心して外出できるようにもなります。

GPS

注意！ 本人にわからないように、GPS機器を常に持ち歩くものに装着する

本人の許可なしに、GPS機器で居場所を確認することは、避けましょう。
丁寧にコミュニケーションをとり、GPSの利点を伝え、本人も納得の上で利用するようにしましょう。

ストップ

注意！ 部屋や家に外から鍵をかけて、一人では外出できないようにする

行動の自由を制限するのは、本人の尊厳を損なう行為です。
多少失敗することがあっても、自立した生活を継続することが、認知機能の維持にもつながります。
できるだけ、本人の希望に寄り添い、乗り越える方法を検討しましょう。

MEMORY

ホワイトアウト渓谷

霧に消える絶景を脳裏に焼き付けられるか！

認知症世界。この世界には、深い霧と吹雪が、視界とともにその記憶まで真っ白に消し去ってしまう、幻の渓谷があるのです。

旅の次の目的地は認知症世界遺産・ホワイトアウト渓谷。晴れた日には、季節折々の絶景が広がります。しかし、この地の天候は不安定です。ひとたび天気が崩れれば、あっという間に濃い霧がかかり、横殴りの雪が吹き荒れ、目の前が真っ白に染まります。
それと同時に、「あれ？ 何を見てたんだっけ？」目に焼き付けたはずの絶景の記憶も、跡形もなく消え去ってしまうというのです。
……それが、この地が人々に「幻の渓谷」と呼ばれる理由なのです。

ホワイトアウト渓谷の背景

視界が消える、記憶が消える

私たちは想像以上に、目（視覚）に頼って生きています。

高級ブランドの瓶に入っていれば、安物のワインも最上級の味のように感じるものです。やらなければならないことも、どこかにメモしておかなければ、ついつい忘れてしまいます。お気に入りの服も一度クローゼットにしまったら、長年着そびれてしまいます。

視覚と人の認知、そして記憶には、密接な関係があるのです。

大切なものが消える、見つけられない、何度も買ってしまう理由

食器棚、クローゼット、書類棚、トイレの扉、冷蔵庫…… 。家やオフィス、公共空間に多数ある扉、これらがオープンになっており、中にある食器、洋服、書類、トイレ、食品が目に見えている時、誰もがそれらの物質がその場所にあることを認識できます。それが、一旦扉が閉まり視界が閉ざされた途端に、そのものの存在が記憶から消えてなくなる、わからなくなることがあります。

認知機能の障害により「目の前に見えないもの＝存在しないもの」となってしまうのです。

ホワイトアウト渓谷が生み出す日常の問題

このトラブルにより生じる日常生活の問題が３つあります。

１つ目は、同じものを何度も買ってしまうことです。冷蔵庫に卵の在庫がたくさんあるのに、何度も何度も繰り返し買ってきてしまうのがその一例です。

２つ目は、生活に必要なものを見つけられなくなることです。自宅で扉が閉まっているために、トイレを見つけられなかったり、棚にしまった貴重品を見つけられなかったりすることが起こりえます。

３つ目は、衣類等必要な全てのものを視界の範囲内に置いておこうとして、部屋が散乱することです。本人は散らかすつもりはなく、必要なモノの存在の記憶を留めるために、できるだけ見えるところに置いておこうとするのです。

見えていた時には覚えていたのに、視界から消えた途端に忘れてしまう。小さなホワイトアウト渓谷は、日常の隅々に存在します。

あなたにも思い当たることが、あるのではないでしょうか。認知症のある方に限らず、これは多くの人が経験することがある脳の誤作動です。

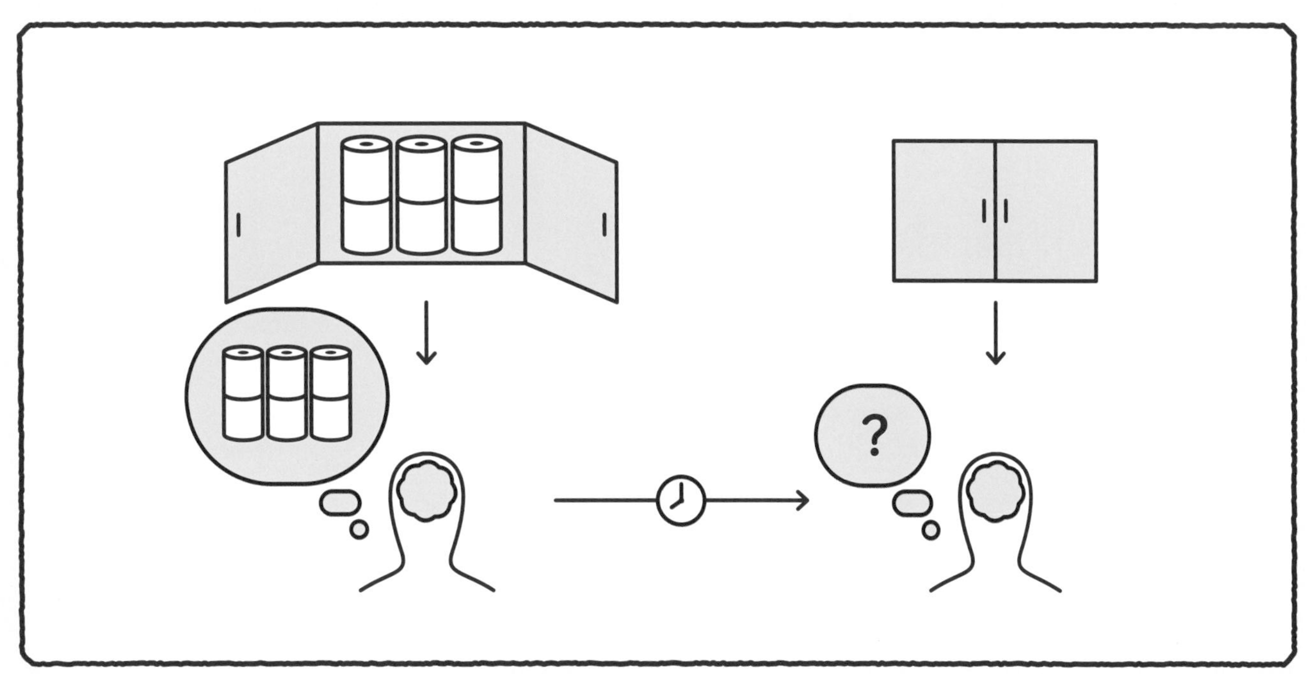

消える?! トイレの謎

profile

- 80歳男性　陽水さん
- 郊外の団地で1人暮らし
- 妻とは5年前に死別
- 近所に娘夫婦が在住

毎晩、21時には布団に入る陽水さん。
最近、毎日のようにトイレに行きたくなり、深夜に目を覚ましてしまうようです。バタバタと起き上がり、家の中をあわてて駆け回ります。ご近所に住んでいる娘さんが訪問すると、トイレに入るのが間に合わず漏らしてしまったり、違う場所で用を足してしまったり、失敗してしまった形跡が……
深夜に限らず、日中でも失敗することが増えてきました。

この出来事の背景で、陽水さんが経験した認知機能のトラブルを推理してみましょう！

step 1 左の文章の中で、彼の経験した認知機能のトラブルを示している部分（推理の糸口）を探し、線を引いてみましょう。

step 2 関連しそうな認知機能障害を以下より選び、○をつけましょう。

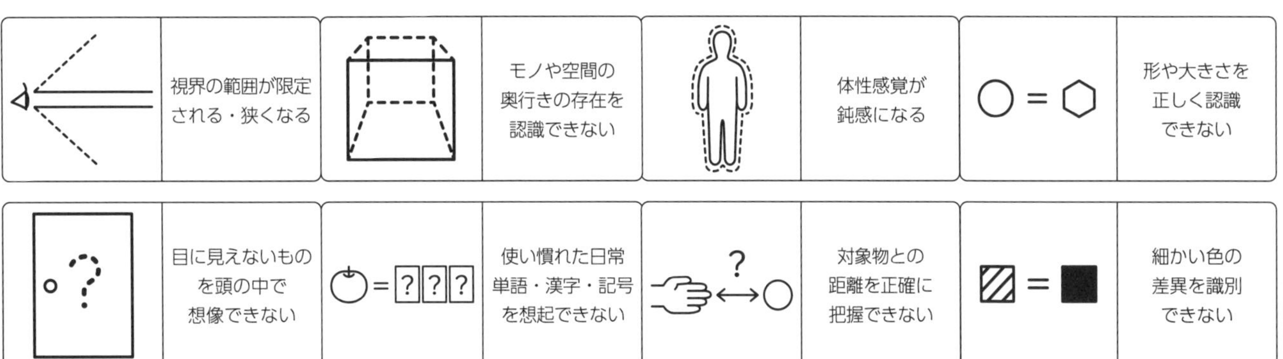

step 3 本人の心と体に何が起きているのか、どんな思いなのかを推理してみましょう。

推理

トイレの場所をなかなか見つけられなかったのでは？

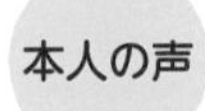

本人の声

「え！？ トイレはどこ？ どこにあるの？」

解説

複数の認知機能の障害により、トイレを見つけられないことが原因として考えられます。自宅以外の場所や転居した直後にはより起きやすいトラブルです。

考えられる障害の一つが、扉の向こう側にあるものをイメージできないことです。自宅のようなトイレのサインがない扉の場合に起きがちです。

視界が狭くなったり、モノや空間の奥行きを認識できないことが原因の可能性もあります。

また、トイレのマークが自宅や公共トイレの扉に貼ってあったとしても、そのマークや言葉（トイレ、洗面所など）から自分が用を足す場所だと認識できないという言語のトラブルの可能性もあります。

story
ホワイトアウト渓谷 P.066

目に見えないものを頭の中で想像できない

story
二次元銀座商店街 P.054

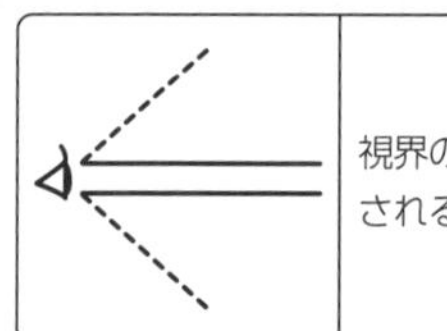

視界の範囲が限定される・狭くなる

左右や東西南北など、方向感覚が失われる

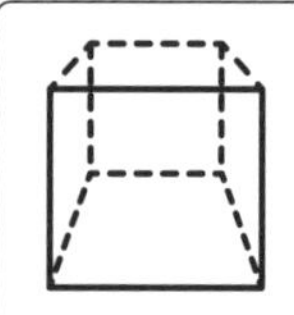

モノや空間の奥行きの存在を認識できない

story
アレソーレ飯店 P.136

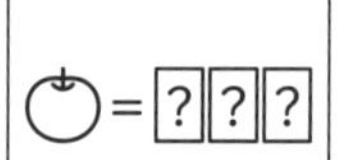

使い慣れた日常単語・漢字・記号を想起できない

2　我慢できないほど急激な尿意・便意に襲われたのでは？

本人の声　*「トイレはさっき行ったし、大丈夫。あれ？ ん？ おーー！」*

解説

我々は「少しトイレに行きたいなぁ」「まだ我慢できる」などと無意識に感じ、トイレに行くべきタイミングを判断しています。
しかし、認知症に伴い、身体の感覚が変化したり、鈍感になったために、繊細な尿意・便意の感覚を感じとれなかった可能性があります。その結果、我慢ができない程の強い尿意・便意を突然感じ、間に合わなかったのかもしれません。適切な水分補給ができなかったことも原因として考えられます。

story
七変化温泉 P.084

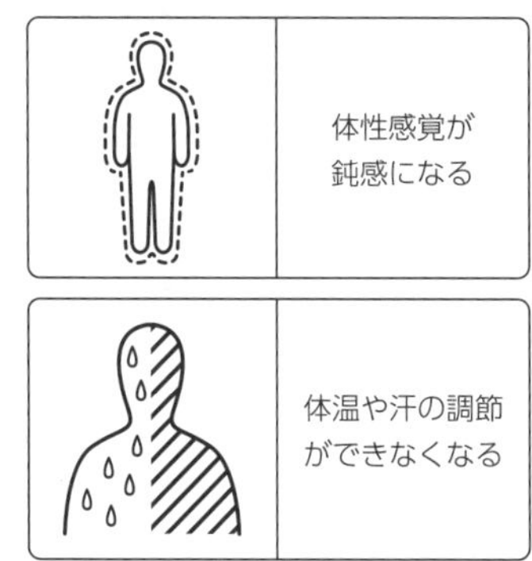

3　便座にうまく座ることができなかったのでは？

本人の声　*「うん？ どこにお尻を乗せるの？ わぁぁぁ」*

解説

複数の認知機能の障害により、「便器に座る」という一見簡単に見えることができなかったのかもしれません。

story
服ノ袖トンネル P.080

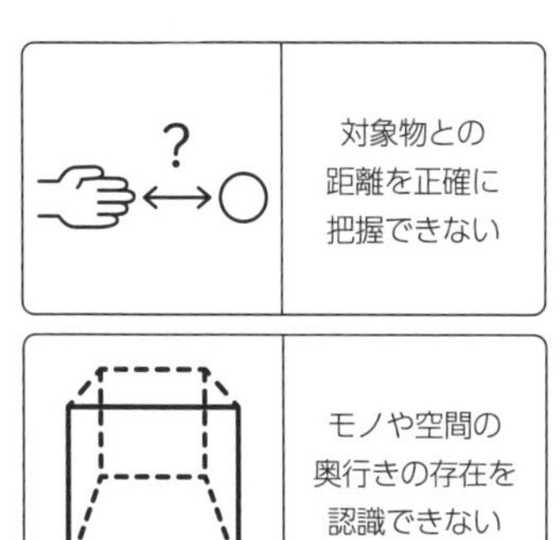

また、自分と対象物（便器）との距離を正確に把握できず、正しい位置にお尻をのせることができず（→服の袖トンネル P.080）、何度かトライしているうちに間に合わずに失敗してしまった可能性もあります。

モノや空間の奥行きの把握が難しくなる。形や大きさ・色の識別が難しくなる。こうした障害により、便器の位置や形状を正しく認識できなかったかもしれません。白一色など、床や壁が便器と同系色だと、このトラブルは起きやすくなります。

story
サッカク砂漠 P.118

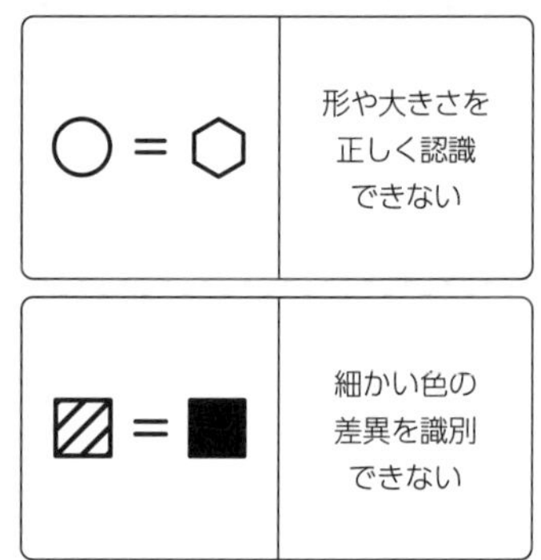

認知症により、トイレもできなくなったのでは？

解説

「認知症により、トイレもできなくなってしまった」と一括りにするのではなく、どんな認知機能のトラブルが本人に起こっているのか？ 何が難しいのか？を見極めて、個別の原因に合わせた対応を心がけましょう。

あなたが認知症のある方ご本人、家族、行政や施設などの支援者、介護スタッフだと仮定した場合、こんな時どうするでしょうか。あなたのアイデアを自由にお書きください。

次のカードを発想のヒントにしてみよう！

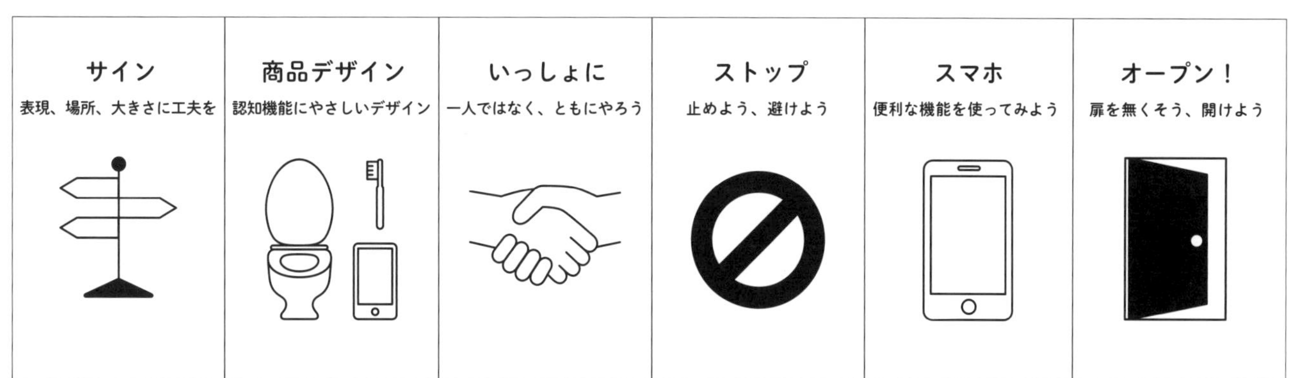

アイデア

商品デザイン

便器・便座のデザインを改める

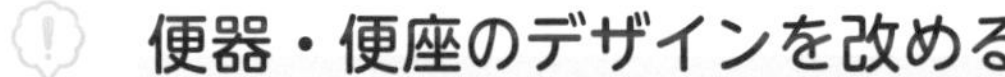

便座の場所や形を把握することができず座るのが難しい場合は、便器・便座のデザインを改めることで解決できる可能性があります。
下の２つのイラストの右側は、イギリスで実際に認知症のある方向けに取り入れられている公共トイレのデザインです。便座とフタを周囲の壁や床、便器全体とは異なるわかりやすい色に変えることで、座りやすくなります。
便器のデザインを変えることが難しい場合、わかりやすい色の便座カバーや便座シートをつけることでも解決できる場合があります。

サイン

トイレを示すサイン、表示をわかりやすくする

トイレを示すサインを、扉や導線につけることも一つの解決策です。
「トイレ」「お手洗い」などの言語を理解するのが難しい方、トイレを示すマークやビジュアルを理解するのが難しい方、一人ひとりの症状によって困難なことが異なるため、本人と相談して、本人の症状に応じたわかりやすいサインをつくりましょう。
施設やお店などの公共空間のトイレの場合、言語とビジュアルを併用することで多くの人に理解してもらえる可能性が高まります。その他、トイレのサインのデザインのポイントが以下５つです。

- **ポイント１　360 度見えるサインにする**
- **ポイント２　大きく視認性が高いサインにする**
- **ポイント３　小柄な高齢女性でも目に入りやすい高さに設置する**
- **ポイント４　わかりやすい日本語のサインにする**
- **ポイント５　わかりやすいビジュアルのサインにする**

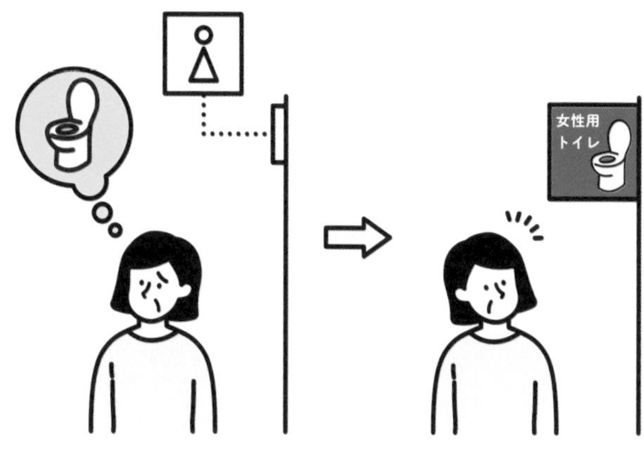

オープン！

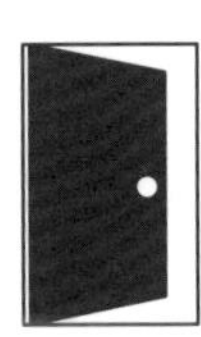

トイレのトビラを常に開放しておく

扉があることでトイレを見つけられない場合は、シンプルに常に開放しておくことで、解決できることがあります。

スマホ

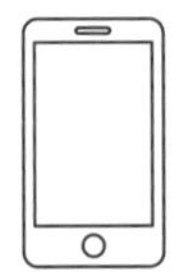

本人と相談して、アラームや排泄予測ツールを活用する

スマホで定期的にトイレを促すアラームをかけるのも一つの手です（→ スマホアラーム P.037）。
また、トイレの適切なタイミングを教えてくれる身体装着型のデバイスを利用するという手もあります（→ 排泄予測デバイス P.079）。
ただし、アラームの設定や機器の装着は、事前に本人に可能な限り相談し、本人の意思を尊重し、使用するかどうか決定しましょう。

ストップ

注意！

トイレをあきらめ、オムツを装着する

「できない」と諦めてしまい、本人が望まない代替手段に頼ることは、本人の尊厳を損ないかねません。
多少失敗することがあっても、自立した生活を継続することが、認知機能の維持にもつながります。できるだけ本人が自分でやり続けられるように、障壁を明らかにし、乗り越える方法を検討しましょう。

IT tool
03

家でも、外出先でも安心
排泄予測デバイス

詳細な使い方はこちら

お〜〜〜。なんで?! なんで?!
間に合わないよ〜

あなたの尿のたまり具合、排尿タイミングを通知してくれるスマホ連動型のデバイスです。
身体に装着した小さな機械（26gと軽量）から出る超音波センサーがあなたの膀胱の大きさを感知し、リアルタイムで尿のたまり具合を10段階で表示し、トイレに行くべきタイミングをお知らせしてくれます。

こんな時に

- 尿意を感じにくく、直前までわからない
- ついついトイレに行くのを忘れてしまう
- 外出先でのトイレが不安で仕方がない
- トイレに行ったつもりになって、
  行き忘れてしまう

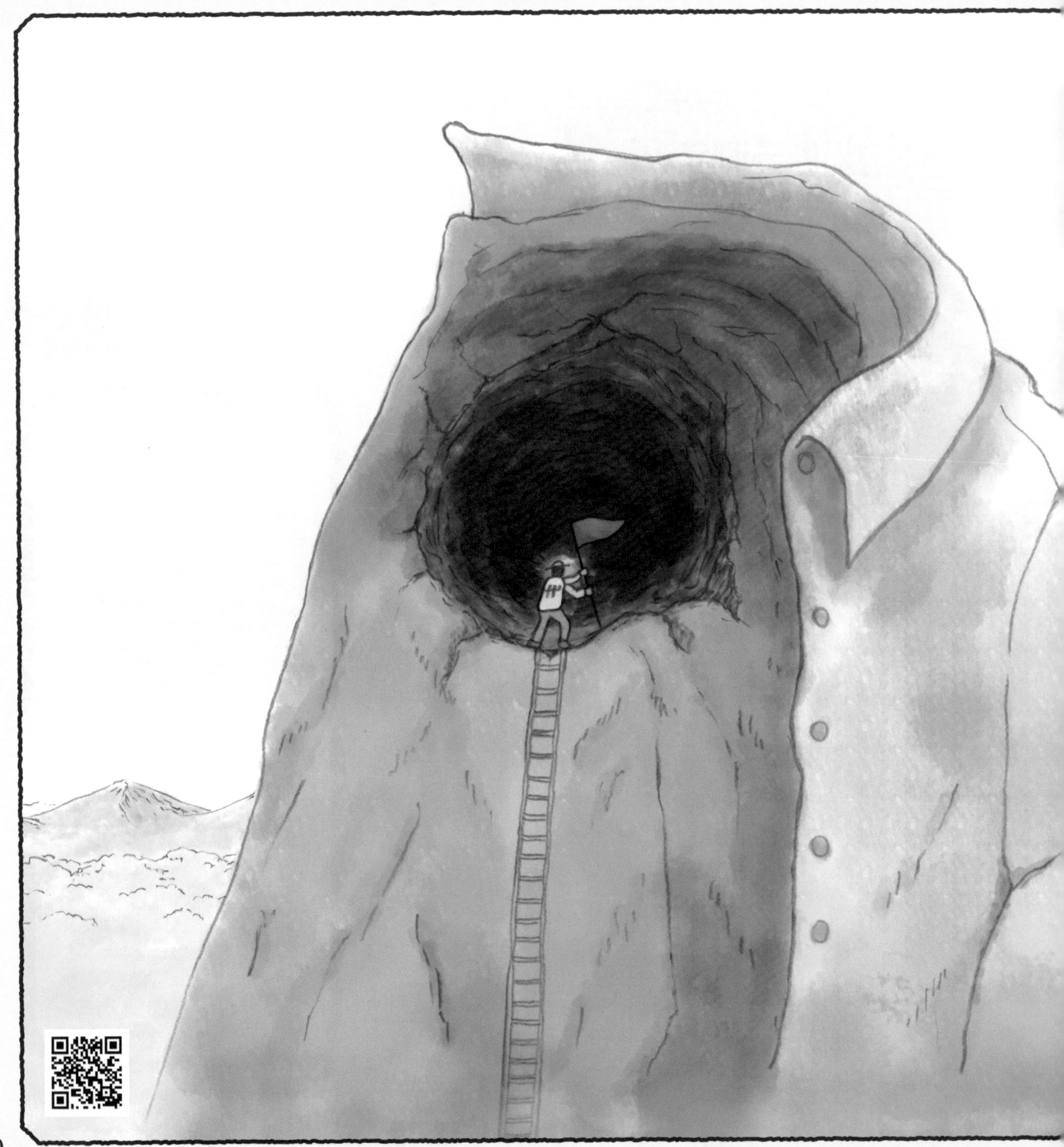

服ノ袖トンネル

あなたの腕はこの暗闇を抜けられるのか？

認知症世界。この世界には、一見簡単に見えるのに、壁にぶつかり、袋小路にはまり、なかなか出口にたどり着かないトンネルがあるのです。

農村地帯から山を貫き、都市部へ伸びるこのトンネルは、ほんのわずかな距離の一本道。
しかし、入り口から先を見通すことはできません。
それはまるで、とてつもなく奥まで続くブラックホールのようです。意を決して足を踏み入れると、あっという間に失ってしまう距離や方向の感覚。何度もぶつかってしまう壁……。
奇妙なことに、通るたびにサラサラだったりゴワゴワだったり感触が異なります。そして最後には、どう身体を動かしていいかさえわからなくなり、ぼう然と立ち尽くしてしまうのです。

服ノ袖トンネルの背景

体は思い通りになんて動かない

自分の「意思」と 身体の「動き」にズレが

コップを持つ、ボールを投げる、字を書く、服を着る。なにげなくやっているようで、自分の身体を自分の思い通りに動かすのは、けっこう難しいことです。

試しに、自分がボールを投げている姿をスマホなどで動画撮影してみてください。自分の動きや姿勢は想像していたものとは違っているはずです（たいていは想像よりかっこ悪いものです）。

自分の思いや意思と身体の動きにズレが生じるのは、誰にとってもよくあることなのです。

身体を思い通りに動かすのが難しい理由

認知症のある方が、着替えを拒んだり、同じ服ばかり着たがったりすることがあります。それは、１つの服に執着しているわけではありません。「脱ぐのも着るのもしんどく時間がかかるため、できるだけ脱ぎ着しやすい服を着たい」という気持ちが背景にあることが多いようです。

・人混みの横断歩道を渡るのが難しい
・箸やフォークを上手に使えない
・歯をちゃんと磨けない

身体を思い通りに動かせないことが原因の生活の困りごとは色々あります。この背景には３つの理由が考えられます。

１つ目は、自分の手足の位置や動かし方がわからないためです。人の脳には「身体地図」があるといわれています。その地図に従い、頭の中で、手足の長さや動かし方、曲げ方を把握しています。認知機能の障害により、その身体地図を認識できなくなるため、思い通りに手足を動かすことが難しくなるのです。

元・メジャーリーガーのイチロー選手は、精密な身体地図の持ち主で知られています。ヒットを打ったときに、「手・腕・肘・腰・膝など自分の身体がどのように動いたのかをすべて知覚し、言語化できた」といいます。自分の身体地図を絶えず修正・更新することで、4367本という途方もない数の安打を打ち続けたのです。

2つ目は、空間を認識する能力によるものです。シャツの袖に手を入れる際、私たちは、服全体の形を把握し、袖の入り口である穴を見つけ、穴と自分の手の距離と方向をはかり、手を穴に入れて袖の先まで動かす必要があります。空間認識の障害を抱えると、服の立体的な形も手を入れる穴の位置もわからなくなるのです。

右図のように、歯磨き粉を歯ブラシにつける際も、高度な空間把握が求められます。

3つ目は、動作の順番がわからなくなるためです（→P.148 カイケイの壁）。「ボタンを外す → 頭を入れる → 襟から頭を出す → 袖に手を通す → ボタンを留める」という手順のどこかでつまずいてしまうと、混乱し、それ以上先には進めなくなってしまうのです。

周囲の環境や空間を把握し、身体を正確に動かす行為は、想像以上に難しいことなのです。

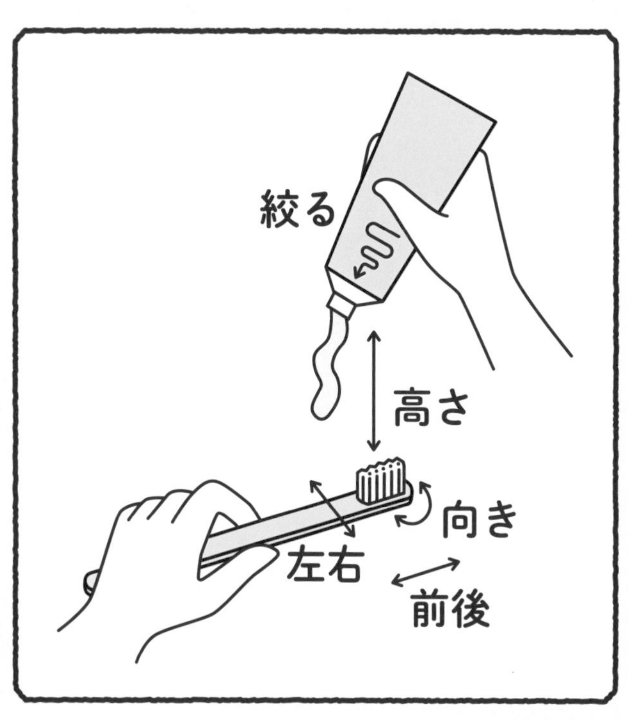

STORY 8

七変化温泉

熱湯ヌルヌル冷水ビリビリ…あなたの運が試される？

認知症世界。この世界には、入浴するたびに温度や匂い・肌触りなどが変わる不思議な湯が湧き出る、ドッキリ温泉があるのです。

認知症世界でも、温泉は人気の旅行スポット。
七変化温泉のお湯は、あるときはしっとり適温で、心も身体もリラックス。あるときはピリリと炭酸質で刺激的､気分もすっきり。旅人たちは、訪れるたびに変化する泉質を楽しみに、多種多彩なサプライズを味わいながら、旅の疲れを癒しています。
ただ、時にはつま先を入れた途端に、思わず飛び跳ねてしまうような熱湯になっていることも。しかし、湧き出る泉質が変化するなんて、本当にあるのでしょうか……？

七変化温泉の背景

何色のかき氷が好きですか？

あなたが好きなのは味？それとも……

お祭りの屋台のかき氷。いちごの赤、メロンの緑、ブルーハワイの青。どれにしようかな？と悩む時間は楽しいものです。

しかし、このシロップ全て味は一緒だということをご存知でしょうか（かき氷専門店などではもちろん違いますが）。私たちの味覚というのはとても曖昧なもので、色という視覚情報により感じ方が変わるのです。

目の前に蚊が飛んでいるのを見かけたり、羽音が聞こえたりすると、刺されていないのに、身体のあちこちが痒く感じてしまったことがあるのではないでしょうか。

また、妊娠期のつわりにより、炊き立てのご飯が臭くてたまらないというお話を聞きます。これは妊娠という現象により、一時的に嗅覚が過敏になり、ご飯から微量に発するアンモニア臭を強く感じられるためのようです。

好きなことが生理的に嫌になる理由

私たちの身体の感覚は、認知症のような脳の疾患がなくとも、他の感覚からインプットされた情報（かき氷の色や蚊の羽音など）や身体の状態（妊娠・疲労など）の影響を受けるものなのです。

認知症に伴う認知機能の障害により、この感覚のズレが広がり、普段とは違う感覚を強く感じることがあります。

認知症のある方がお風呂に入るのを嫌がるという話をよくお聞きします。「介護への抵抗」と時に感じられるかもしれないその背景には、色々な理由が考えられます。その一つが身体感覚のトラブルです。適温のお湯を極度に熱く感じる、ぬるっとした不快な感覚があるという方もいます。

日常に溢れる七変化温泉

認知症の影響で、大好きだったコーヒーや味噌汁の匂いや味を感じられない方、苦味や辛味を強く感じる方がいます。これも嗅覚や味覚などの障害によるものです。時には、感覚器の誤作動により、通常では考えられない奇妙な味や匂いに感じることもあります。

ふわっと潮の匂いを感じると海水浴の思い出が頭をよぎったり、温かい味噌汁を飲むと家族の顔が浮かんだりすることってありますよね。味覚や嗅覚は、記憶とも密接に関わっています。味覚・嗅覚と記憶をつなぐ回路がトラブルを抱えることで、自分の中の「美味しい」記憶の味を再現することが難しくなることもあります。

また、トイレに間に合わないのも、身体の中の感覚が鈍感になっていることが原因の一つと考えられます。普段は意識しませんが、人は空腹感や喉の渇き、尿意などを感じる「内臓感覚」を持っています。この感覚がうまく働かず、「そろそろトイレに行きたいかも」という微妙な感覚を感じとれず、急に我慢できないほどの強い尿意に襲われるのです。喉の渇きを感じず、水分補給を忘れて熱中症になるのも同様です。

七変化温泉は、生活の色々なところに現れることがあるのです。

しわしわ？でこぼこ？

あなたが視覚で得た感覚はどこまで正しいでしょうか？

お風呂が大嫌いになる?! 謎

profile

- 82 歳男性 熱湯（あつのり）さん
- 郊外の二世帯住宅居住
- 息子さん夫婦と孫２名と同居

お風呂に入るのが大好きで、毎日欠かさない日課だった熱湯（あつのり）さん。最近どうも様子が変です。あんなに好きだったお風呂を「後で！」と入る時間を先送りにしたり、「今日は汗をかいてないから」「今日はもう入った」と色々と理由をつけて入るのをやめたりするのです。どうやらお風呂が苦手になってしまったようです。家族が入るように促すと、怒ってしまうことも……

この出来事の背景で、熱湯さんが経験した認知機能のトラブルを推理してみましょう！

step 1 左の文章の中で、彼の経験した認知機能のトラブルを示している部分（推理の糸口）を探し、線を引いてみましょう。

step 2 関連しそうな認知機能障害を以下より選び、○をつけましょう。

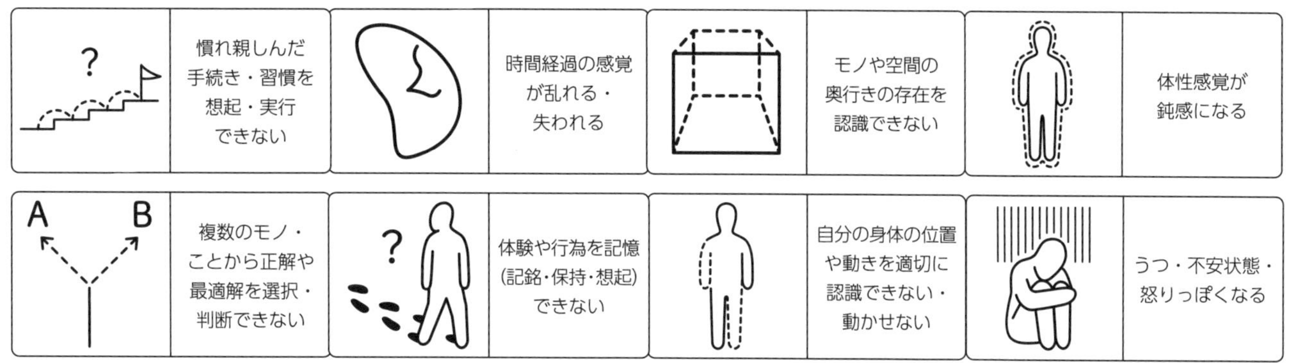

step 3 本人の心と体に何が起きているのか、どんな思いなのかを推理してみましょう。

推理

1 **服を脱ぎ、お湯を出し、身体を洗い……タオルで拭き、服を着る、この一連のプロセスがしんどかったのでは？**

本人の声

「お湯を出すには……」「シャンプーはどっちのボトルだっけ？」「タオルはどの棚にあるんだっけ？」

解説

「お風呂に入る」という行為を達成するまでには、実に多くの手順を経る必要があり、その手順一つひとつで記憶・五感・空間認識・注意などの多くの障壁が待っています。
水栓、ボトル、タオルなど、複数の選択肢からの適切な選択が求められるため、時間がかかり、非常に神経を使います。
どれか一つにつまづき、次の手順に進めず断念してしまうこともあるでしょう。少しずついくつもの障壁につまづき続け、疲れ切ってしまうこともあるでしょう。

story
カイケイの壁 P.148

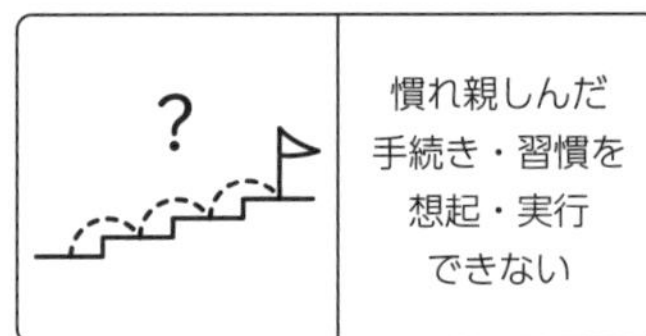

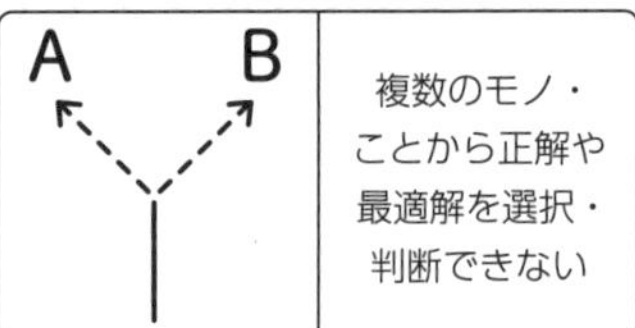

2 **服の脱ぎ着が難しかったのでは？**

本人の声

「うーー。どっちが上？ 表と裏が反対？」「どこに手を入れるんだ？」「あぁあ、ボタンが……」

解説

洋服を脱ぐ、着るというのは想像以上に難しく複雑なプロセスです。前後・上下・表裏を正確に認識する。手・頭・足を入れる場所を見つけ、その場所にピンポイントで身体を動かす。ボタン・ファスナー・紐で止める。奥行きや距離の認識、身体のコントロールの難しさなどが原因で、今まで簡単にできたことが、途端に難しくなることがあります。

story
服ノ袖トンネル P.080

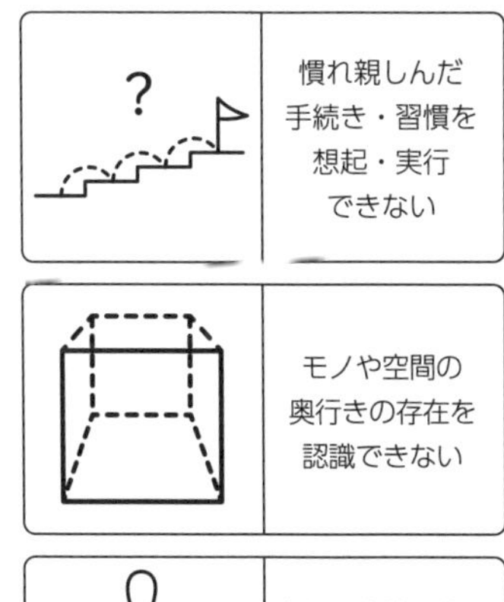

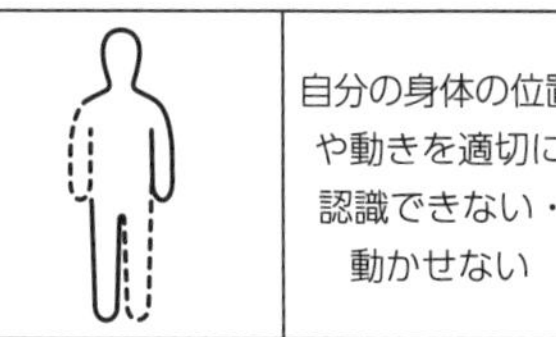

3 お湯が熱過ぎる、冷た過ぎると感じたり、ぬるぬると不快な感触に感じたりしたのでは？

本人の声

「うわ！ 何このお湯！ 何か入ってる？ 気持ち悪い！」
「熱っ！ こんなの入れないよ」

解説

足先が凍えるような極寒の場所から帰ってきた直後のお風呂のお湯は熱湯に思え、刺さるような痛みを感じることがあります。認知症に伴う体性感覚の不調や体温調節機能のトラブルにより、適温のお湯を熱すぎる、逆に冷たすぎると感じることがあります。ある認知症の方は、大好きだったお風呂が「お湯がヌルヌルと不快に感じるようになった」という理由で、生理的に受けつけられなくなったとのことです。

story
七変化温泉 P.084

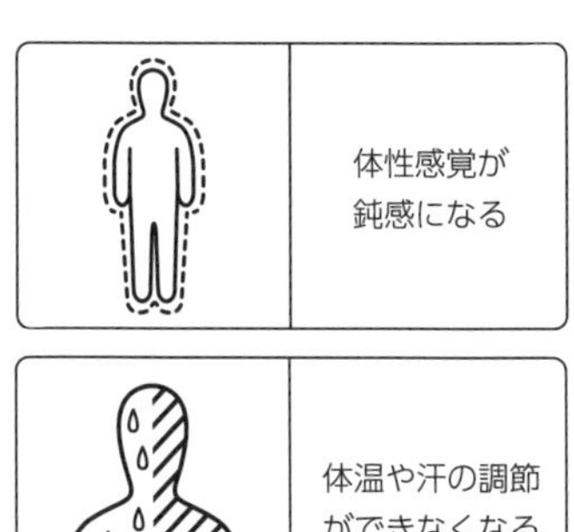

4　その日はお風呂に入ったと思い込んでいたのでは？

本人の声

「さっき、入ったばっかりだよ（怒）」

story
トキシラズ宮殿 P.026

時間経過の感覚が乱れる・失われる

体験や行為を記憶（記銘・保持・想起）できない

解説

時間感覚や記憶のトラブルにより、ついさっきお風呂に入ったばかりだと思っている可能性があります。

5　日中にお風呂に入ることに抵抗があるのでは？

本人の声

「まだ明るいうちにお風呂に入るなんて……」

解説

就寝前の夜にお風呂に入ることが長年の習慣だったため、昼間からお風呂に入るのは怠けているように感じる。そんな理由から、日中に入ることに抵抗を感じる方もいます。

6　昔、お風呂で嫌な経験をしたのでは？

本人の声

「またあんな思いをするんじゃないの？」

うつ・不安状態・怒りっぽくなる

解説

以前、お風呂に強制的に入らされた。嫌な感覚（熱過ぎる、ヌルヌルなど）を覚えた。そんな辛い記憶が蘇ることで、お風呂が嫌になってしまった可能性があります。

7 **一人ではできない、手伝ってもらう必要があることが、嫌になってしまったのでは？**

本人の声

「こんなこともできない！？」
「服を脱がしてもらわなきゃいけないなんて……」

解説

お風呂というプライベートな空間に他者とともにいるのが恥ずかしい。体を洗うなど、「簡単なことができずに情けない」。入浴という行為を通じて、羞恥心が高まり、自尊心が損なわれ、お風呂が嫌になってしまった可能性があります。

衛生意識が薄れ、体の汚れが気にならなくなったのでは？

解説

「認知症のせいで、不潔になった」という考えは偏見や先入観によるものです。丁寧に対話し、理由を推理しましょう。

あなたが認知症のある方ご本人、家族、行政や施設などの支援者、介護スタッフだと仮定した場合、こんな時どうするでしょうか。
あなたのアイデアを自由にお書きください。

次のカードを発想のヒントにしてみよう！

アイデア

パッケージ

商品デザイン

シャンプー・ボディーソープ類を見直す
水栓、扉、タオルなどを見直す

お風呂場の扉の開閉、シャンプーやタオルの選択・利用、水栓の使い方など、お風呂に関連する様々なアイテムを使用することの難しさや手間が、お風呂の障壁となっている可能性があります。
本人の話を聞くとともに、お風呂の空間やアイテムをよく観察し、トラブルの原因を発見し、デザインを見直しましょう。
ある認知症のある方は、シャンプーとボディーソープをよく間違えて、ストレスを抱えていました。シャンプーという文字だけを読んでも直感的に洗髪用と理解できないというのがその理由でした。そこで、ボトルに大きく「あたま」と「からだ」と書いたところ、容易に選択できるようになりました。
「シャンプー」「Shampoo」などのカタカナや英語表記、マークの理解が困難な場合があるので、本人がわかる表現を模索しましょう。

ファッション

部屋着やパジャマを見直す

衣服の着脱が難しいことが原因の場合には、入浴前後に使う部屋着を見直すことが一つの方法です。
モノの凹凸や奥行きを見極められず、袖に手を通すのが難しい場合、袖の入口部分に目立つ色のテープを縫い付けることが効果的です。これは実際に認知症のある方が活用している工夫です。

また、手・足・首がすっと通るサラサラした素材、腕を動かしやすい伸縮性のある素材の方が着やすく、身体を通している際にザラザラと肌が引っかかる素材は避けるようにしましょう。
くしゃっと型崩れせずに、衣服全体の形（袖や首の位置など）がわかりやすい服、上下・前後・裏表がわかりやすい服が着やすいようです。

スマホ

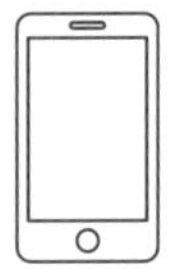

お風呂の時間を知らせるアラームをかける

時間感覚や記憶のトラブルの場合は、アラームが役立ちます。
本人と一緒に、好きな音楽やメッセージとともに「お風呂タイム」を伝えるアラームを設定してみましょう。音楽などのちょっとした工夫で、お風呂の時間が本人にとって心待ちになるかもしれません（→ P.037 スマホアラーム）。

オルタナティブ

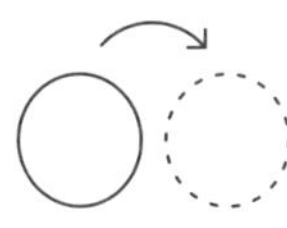

シャワーにする、体を拭く、近所の銭湯に行くなど、他の手段を試す

入浴手段や場所を少し変えることで気分転換ができ、入浴に前向きな気持ちで臨むことができたり、身体や感覚のトラブルを解消できたりする場合があります。
お風呂の好き嫌いは個人差が大きいものです。
羞恥心から、銭湯や温泉、公共浴場のような、不特定多数の人が利用するお風呂は嫌だという方もいます。
逆に、今まで大きなお風呂に慣れているので、自宅などの狭いお風呂に閉塞感を感じて、苦手だという方もいます。
お風呂に浸かることで不愉快な経験をしたことがある場合は、シャワーを浴びる、体を拭くだけにするなど、色々な選択肢を試してみましょう。
個人の意志を尊重し、ともに色々な選択肢を検討し、ともに決めることで、その行為に前向きに取り組めるようになる可能性が高まります。

説得・主張

清潔の重要性、お風呂に入る意味を論理的に伝え、説得する

いかに論理的に「正しいこと」を伝えたとしても、時間感覚や体性感覚のトラブルのある本人にとっては、「お風呂に入ったばかり」「ヌルヌルと感じて不快だ」というのは「確かな事実」ですので、説得するのは困難です。
本人が抱えるトラブルを推理し、解消できる手段をともに考えましょう。

STORY 9 パレイドリアの森

その光景、実はあなたにだけ見えていたりして？

認知症世界。この世界には、見えるはずのないものが見え、聞こえるはずのない音が聞こえる、驚きの森があるのです。

七変化温泉から見える、水と緑あふれる森。
一見天国のように感じられるこの森を分け入っていくと……目に飛び込んできたのは、人間の顔をした「人面樹」！
それだけではありません。突然、見たこともないのような極彩色の鳥が飛んできたり、無人の森から聞こえるはずのない歌声が流れてきたり、木々の枝が生き物のように動き出す……。
これじゃ、まるで童話の世界。見えているのは、私だけではない……はず!?

パレイドリアの森の背景

仮想現実の世界で生きる

メガネ型のデバイスをかけることで、実際には存在しないものが目の前に見えたり、人や動物が自分の目の前まで飛び出してきたり、スマホをかざすと可愛い生き物が道端に存在しているうように見えたりという経験は多くの方があるのではないでしょうか。

実際に存在しないはずのものが、存在しているように見える仮想現実（Virtual Reality）と呼ばれる世界は、IT の進化により、我々の生活でごく身近なものになりつつあります。

パレイドリア現象

子どもの頃、壁の木目が人の顔に見えて、夜は怖くてトイレに行けなかった、なんていう経験のある方、けっこういるのではないでしょうか。

これはなにも特別なことではありません。月には餅つきするうさぎが見えます。自動販売機の横にある、丸い穴が 2 つ空いたゴミ箱はカエルにしか見えません。このように、物の中に人や動物の顔が見えてしまう現象のことを「パレイドリア」と呼びます。これは特に、想像力あふれる子どもたちの得意技なのですが……。

何もないはずのところに、何かがはっきりと見える理由

何もないはずのところに、ありありと現実のもののように、人・動物・虫などが見える現象のことを「幻視」と呼びます。これは、レビー小体型認知症に特有の症状といわれます。レビー小体型認知症の症状の

一つである幻視は、症状の目立たない初期から 3〜4 割の人に現れます。まったく現れない人も 1〜3 割います。

なお、レビー小体型認知症でなくても、薬の副作用などで「せん妄」（一時的な脳機能の低下）を起こしたときに幻視が現れることがあります。しかし、せん妄状態の時の記憶は残っていないといわれています。

幻視を経験している人は、見ながら様子を具体的に説明できたり、見たものの姿を記憶していて、後で詳細に説明できたりします。つまり、本人にはぼんやりと人や虫のような姿が見えているのではなく、人の顔の表情や甲羅の模様までかなりはっきりと見えているようです。

このように、いないはずの人や動物が確かに見えるのは、脳の中でも特に、物体・顔・空間・位置・動きの認知に関する部分が障害を抱えていることが原因で、障害により不足している情報を幻視によって補おうとしているためと考えられます。

驚く、叫ぶのは当然のこと

ここで理解しておきたいことは、幻視が見える認知症のある方が、まるでそこに人が本当にいるかのように振る舞ったり、突然現れた虫に驚いて叫んだりするのは、正常な反応だということです。妄想でもなんでもなく、本人には実際に見えているのですから。VR メガネをかけたあなたの目の前に、モンスターが確実に見えているのと同じように。

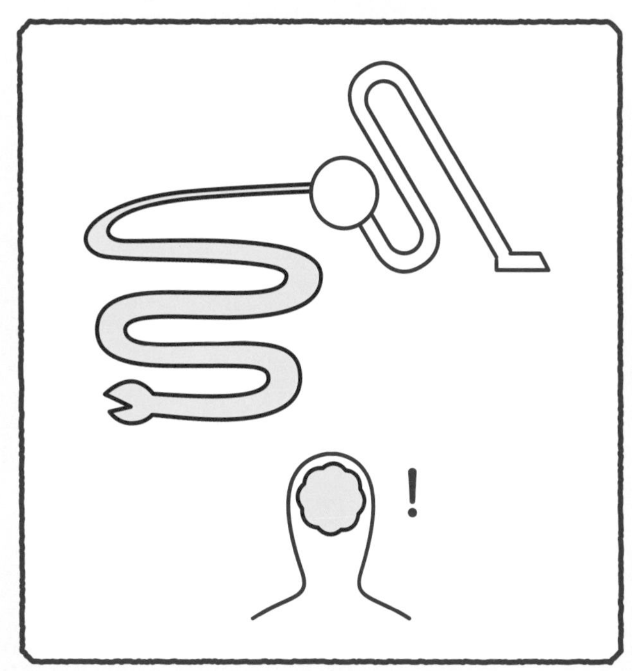

サラダの中に〇〇が…！

右の QR コードを読み取り動画を見てみよう。

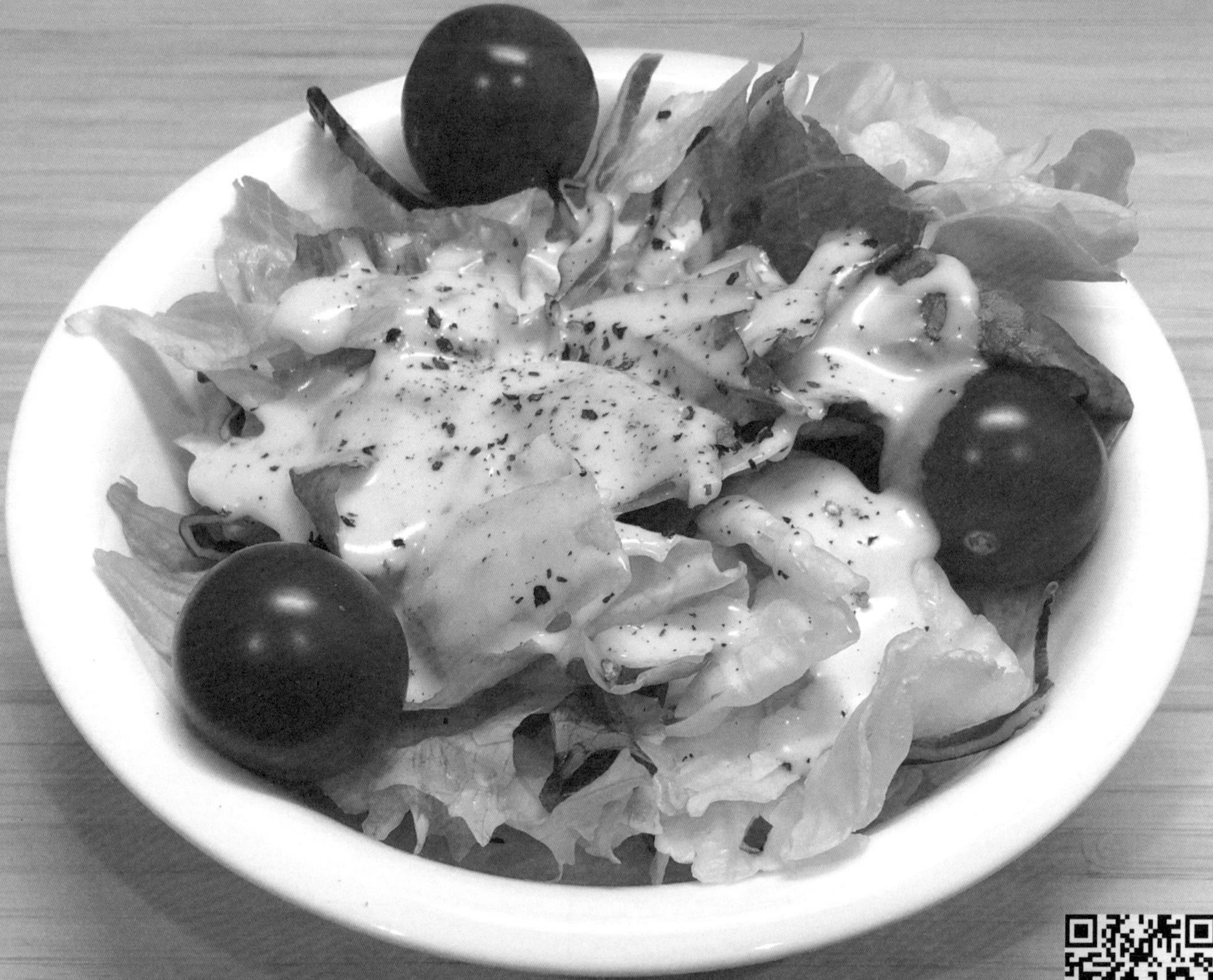

何でも、何度でも教えてくれる

音声認識アシスタント

詳細な使い方はこちら

デイサービスは何曜日だっけ？

「Hey Siri!」「OK! google」などと呼びかけることで、スマホやコンピュータを画面入力やキーボードを使用せずに、音声で操作する機能です。スマートスピーカーと呼ばれる机の上で使うタイプもあります。

こんな時に

- 何度も同じことを家族などに尋ねてしまう時
  - 今日の日付、曜日、時間
  - デイサービス、通院の曜日や日付
- スマホの細かい操作が難しい時
  - 文章やメモを書く、文字を入力する
  - 目的地への行き方を検索する
  - 電話をかける、アラームを設定する
  - インターネットで情報を検索する
  - 好きな音楽やラジオをかける

顔無し族の村

顔というシンボルなしに、人はどうつながるのか？

認知症世界。この世界には、顔が千変万化するため、人を顔では識別しない。イケメンも美女も関係ない「顔無し族」が暮らす村があるのです。

島の中央に位置する沿岸の村。一歩足を踏み入れると、びっくり！ あちこちから見え隠れする村人たちの顔が、見るたびに変わるのです。まるで、いろんな仮面を次々と被っているかのようで、みんなが同じ顔に見えたり、同じ人でもその時々で顔が変わって見えます。中には知り合いそっくりに見える人も。つまり、この地では、顔が個人を決定づけるシンボルではない……!?
村人たちは互いを、声や身体の特徴・雰囲気、何よりもその人との思い出で記憶し、つながるのだと言います。

顔無し族の村の背景

美女もイケメンも、思い出次第

この人どこかで会ったことがあるような気がするけれど自信がない。誰だかわからない、名前が出てこない。そんな経験は誰にでもあるでしょう。

人の顔や名前を覚えるのが得意、苦手という話は、なにげない会話の中にも出てきます。

実は、人の顔を記憶する、顔を見て正しく人を識別するというのは、簡単なように見えて、ものすごく多くの情報を統合しながら行う、高度な認知能力なのです。

大切な人の顔がわからない理由

３つの理由が考えられます。

１つ目は、三次元の情報を認識することが困難になるためです。私たちは、人の顔をアニメのキャラクターのように、「二次元」のビジュアルとしては捉えていません。

現実に見る顔には、目のくぼみや鼻の膨らみといった起伏があります。つまり、向きや陰影によって見え方が変わる「三次元」の情報です。それを認知することは、アニメや写真を見ることよりも高度な行為というわけです。

２つ目は、記憶の誤作動のためです。人間にとって、他者を見分けるのは大切な行為です。そのため、私たちは他者を単純な見た目だけではなく、その人に関連する様々な記憶情報（その人の行動、その人との体験、抱いた感情）を使って、その人の存在を認識しています。ともに印象に残る体験をした人のことは、記憶に残りやすいでしょう。

ある認知症の方が「高校の同級生だと思って声をかけたら（間違いなく同級生に見えたようです）、まったく別人で怪訝な顔をされた」

という話をしてくれました。この見間違えは次のようなことが起きたと考えられます。

その人の顔の一部が同級生と類似していた

→ それをきっかけに、同級生の記憶が強く想起された

→ 想起した記憶情報により、目の前の人を「同級生」だと識別した

3つ目は、時間感覚のトラブルです。自分自身が若い頃にタイムスリップしていた場合、目の前にいる人と時代のズレが生じます。70代の自分が30代に戻っていたら、目の前にいる50代の息子が自分の息子にはとても思えないことでしょう（→P.050 アルキタイヒルズ）。

人間にとって、顔とは信頼できる他者を見極め、深い関係を築くために大切です。そのため、高度な認知行為の組み合わせで、他者の顔を識別しているのです。

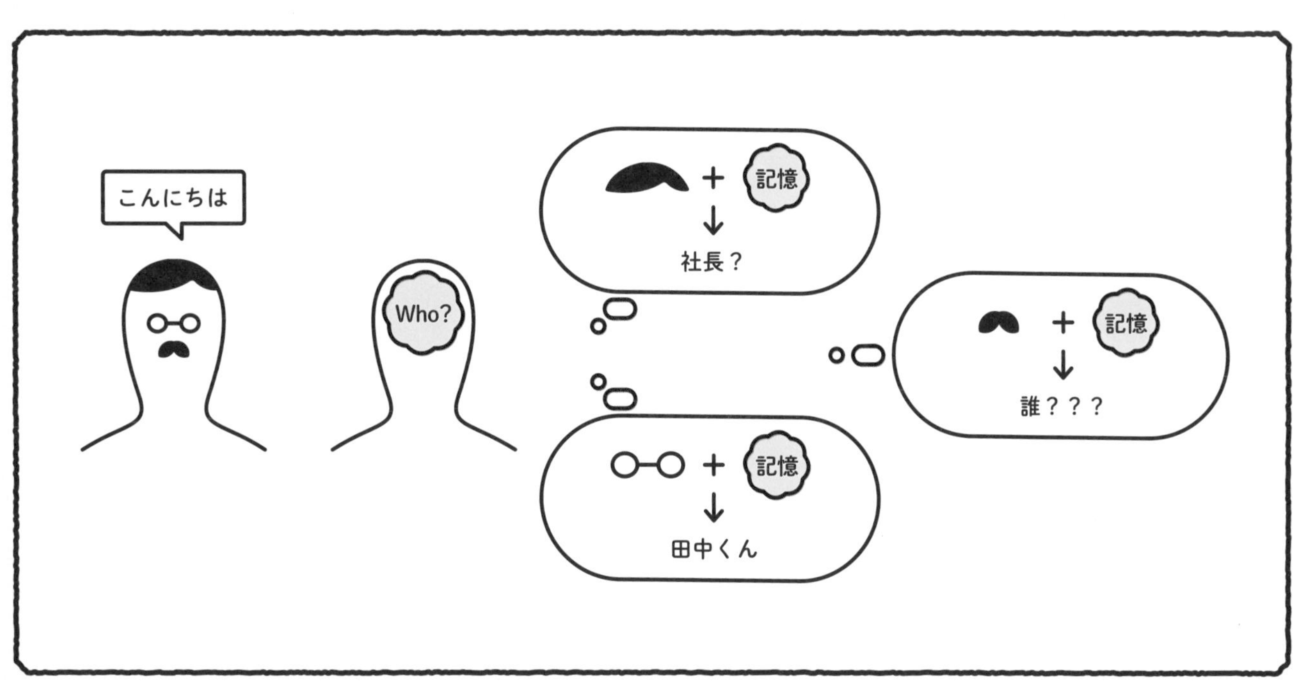

顔が行方不明になる?! 謎

profile

・78 歳男性　隆雄さん

・大都市のマンション在住

・5 つ年下の妻と 2 人暮らし

毎朝の日課の散歩中に転んでしまい、入院中の隆雄さん。
どうやら入院中の様子がおかしいです。リハビリから部屋に戻ってきたところ、お見舞いにやってきた女性に「ここであなたは何をしてるんですか？」と尋ねています。その女性は「着替えを持ってきましたよ」と。隆雄さんがその女性に「あなたは誰ですか」と尋ねると、その女性は「あなたの妻ですよ。何を言っているんですか？」と。その人は本当に隆雄さんの奥様のようです……。

推理

この出来事の背景で、隆雄さんが経験した認知機能のトラブルを推理してみましょう！

step 1 左の文章の中で、彼の経験した認知機能のトラブルを示している部分（推理の糸口）を探し、線を引いてみましょう。

step 2 関連しそうな認知機能障害を以下より選び、○をつけましょう。

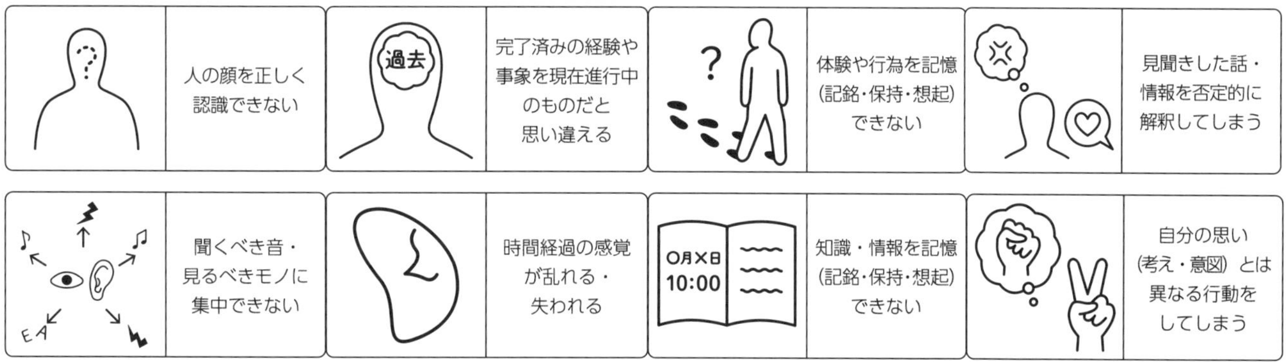

step 3 本人の心と体に何が起きているのか、どんな思いなのかを推理してみましょう。

推理

1　女性の顔に見覚えがなく、見知らぬ人に見えたのでは？

本人の声　*「え？！ この人は誰だ？ 見たことある気がするけど……」*

解説

顔認識のトラブルにより、見るたびに「顔が変わって見える」「違う人の顔に見える」ということが起こりえます。
この時は目の前にいる妻の顔が、まったくの他人の顔に見えて、自分の妻にはとても見えなかったことが原因として考えられます。
自宅であれば、その場にいる可能性がある女性は限定されるため、顔のビジュアル情報以外から「この女性は自分の妻にちがいない」と判断できることもあるでしょう。しかし、病院のような普段と異なる場所の場合、不特定多数の人が出入りするため、家族など馴染みがある人を正しく認識できないトラブルが起きがちです。

story
顔無し族の村 P.106

2　自分の妻はもっと若いはずだと思ったのでは？

本人の声　*「私よりかなり年上の、この年配の女性はどなただろう？」*

解説

時間感覚のトラブルを抱えている可能性があります。自分が若かりし頃、たとえば30代の頃に記憶がタイムスリップしているのかもしれません。自分が30代なのだから、自分の妻は20-30代のはずなので、目の前にいる70代の女性が自分の妻であると思えなかった可能性があります。

story

アルキタイヒルズ P.050

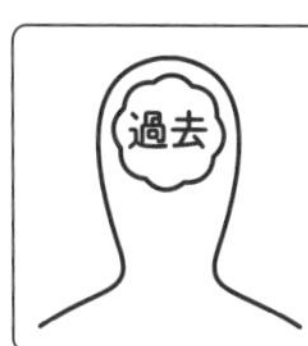

完了済みの経験や事象を現在進行中のものだと思い違える

時間経過の感覚が乱れる・失われる

認知症の進行で、家族の存在を忘れてしまったのでは？
攻撃的になり、妻のことを憎たらしく感じたのでは？

解説

家族の名前や顔がわからなくなっても、多くの場合、過去から長期間にわたり様々な形で蓄積された家族に関する記憶が全てなくなってしまうわけではありません。

認知症により「攻撃的・暴力的になった」というのは偏った考え方です。「認知症だから」と一括りにせず、ご本人と丁寧に対話し、理由を推理し、解決策を検討しましょう。

あなたが認知症のある方ご本人、家族、行政や施設などの支援者、介護スタッフだと仮定した場合、こんな時どうするでしょうか。あなたのアイデアを自由にお書きください。

次のカードを発想のヒントにしてみよう！

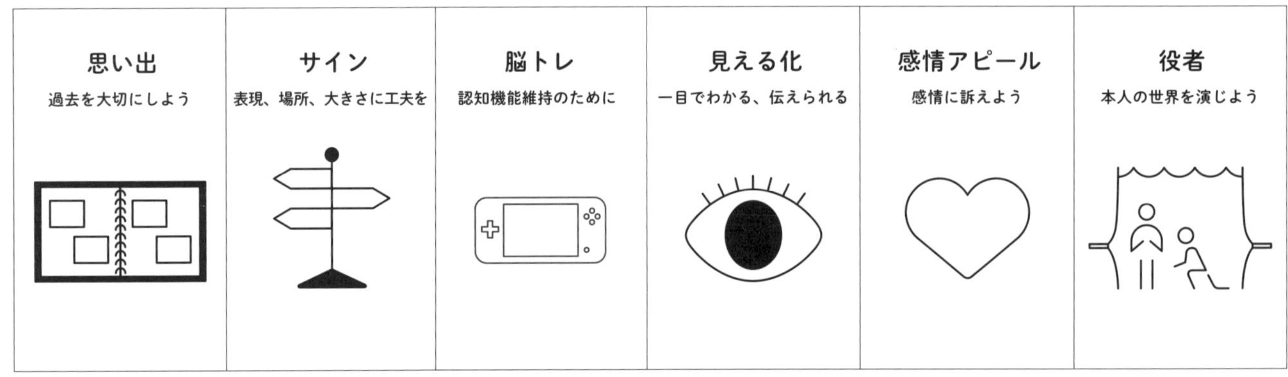

アイデア

見える化

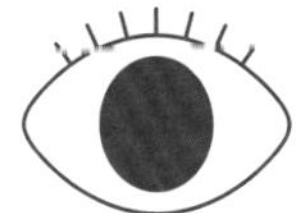

毎回名乗ってから、会話を始めるようにする

顔写真やイラスト付きの名札をつける

会うたびに、最初に自分が何者かをはっきりと名乗ることにしましょう。複数人いる場合は、混乱しないように、ゆっくりと一人ずつ名乗りましょう。
また、自分の名前や顔写真、イラスト付の名札を身につけることも一つの方法です。顔の識別が難しくても、名前を認識しやすくなります。本人が昔から馴染みある呼び方を書きましょう。

思い出

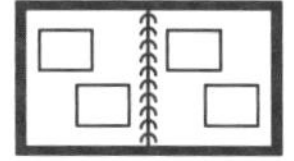

家族・友人との思い出のアルバムを渡して、眺めることを促す

よく見える場所に、本人がお気に入りの家族写真を飾る

昔の思い出はなかなか消えることのない大切な長期記憶です。アルバムやお気に入りの写真を一緒に眺めたり、時間があるときに見ることを促すことで、幸せな記憶を維持できることでしょう。眺めているうちに、顔と名前が一致することもあるでしょう。

役者

本人の話をよく聴き、ゆっくり会話を続ける

たとえ、最初はあなたのことがわからなかったとしても、それはあなたの顔が識別できないだけであり、あなたとの思い出が完全になくなってしまったわけではありません。相手の話に合わせて、ゆっくり会話を続けていると、最初のうちは誰だかわからなくても、あなたの声や全体の雰囲気、話している内容などから、誰なのかわかるようになることがあります。

感情アピール

注意！

忘れられて大変悲しいと感情に訴えかける

大切な人に自分の顔を忘れられてしまったら、大変悲しい思いをすることでしょう。しかし、それは認知症による認知機能のトラブルによるものであることを理解し、受け入れましょう。
いかに相手の感情に訴えても、認知機能の障害により、ご本人にとっては、目の前にいる女性の顔が、自分の記憶の中の妻の顔と異なるのは、「確かな事実」です。その事実を受け入れ、他の対応策を検討しましょう。

脳トレ

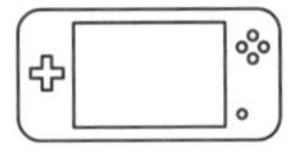

注意！

「私は誰？」と日常的に問いかけ、顔と名前の記憶の維持を働きかける

名前を覚えていて欲しいという思いから、家族がやりがちな行為です。しかし、「自分は大切な家族の名前と顔すら覚えられないのか？」という思いから精神的な落ち込みの原因になりかねません。

IT tool 05

大切な人とつながるために

ビデオ通話アプリ

詳細な使い方はこちら

コロナになってから、娘にも、
孫にも会えなくて、寂しいなぁ。

スマホを使っている大半の方にお馴染みのアプリの一つが LINE でしょう。家族や友人と文字メッセージを送受信できるアプリです。LINE の便利な使い方の一つが、ビデオ通話機能です。コロナ禍でパソコンやスマホで使うビデオ通話アプリが普及しましたが、新たなサービスを使うのが難しい場合は、LINE が便利です。いつもの画面で、ビデオ通話ボタンを押すだけで相手の顔を見ながらの通話が可能です。

こんな時にも

- 家電の使い方や書類手続など、電話で困りごとを伝えたり、教えてもらうのが難しい時に
- 道に迷った時に、周囲の目印を写して現在地を伝えて、目的地まで案内してもらいたい時に

サッカク砂漠

ぐね〜りくらくら！びっくりラビリンス！

認知症世界。この世界には、足元が蜃気楼のように揺れたり、色や形が変幻自在の巨大サボテンが突然行く手をはばんだりする、砂漠の迷宮があるのです。

これまで何人もの冒険家が横断に挑んできましたが、遭難者は数知れず……。この砂漠は、歩みを進めれば進めるほど、想定外の景色に出くわします。吸い込まれそうなほど真っ暗で深い谷や、灼熱の荒野に浮かぶ大きな水溜り。川が流れるはずも、雨が降るはずもないこの土地に、なぜ？……不思議なことに、どんな地理学者が調べてみても、その謎は解けません。
ここを旅する誰もが、何が起こるのかわからない恐怖で立ちすくんでしまうのです。

サッカク砂漠の背景

トリックアートの世界で生きる

駅や商業施設を歩いていると、たまに「地面がデコボコしている？」と思うような、幾何学模様のタイルの床を見かけることがありませんか？

このように、目や耳に異常がないにもかかわらず、実際とは異なる見え方、聞こえ方をしてしまう現象のことを「錯覚」と呼びます。

たとえば、山道で車を運転していると、車体が自分の思わぬ方向に寄ってしまい、慌てることってありますよね。その原因も、左カーブでは左側車線が広く、右カーブでは右側車線が広く見える、という錯覚によるものです。そのため、広く見えるカーブの内側へ自然と寄ってしまい、次のカーブでの切り返しが思っていた以上に大きくなり、慌ててしまうというわけです。

そう、目の前に存在している世界と、人が知覚する世界はそもそも同じではないのです。

何もないところで足がすくんでしまう理由

人は、目から入ってくる二次元の見え方から、モノの大きさや奥行きといった、距離や深さに関係する情報を読み取っています。「自分の位置から大きく見える → これは近くにある」「自分の位置から小さく見える → あれは遠くにある」というように。

これらの情報をもとに、脳の中で三次元の世界をつくりあげ、それが何なのか、どういうものなのかを認知しています。

認知症のある方に起こる「電車とホームの隙間が大きな谷のように見える」「玄関マットが深い穴に見える」のは、目から入ってきた二次元情報を脳内で三次元に変換する際になんらかのトラブルを抱えて、実際以上に大きく、深く見えてしまっているためでしょう。

また、人は、何か行動するときに、次のようなプロセスを踏んでいます。

① 目など五感で外界の情報を「知覚」する
② 知識・経験に基づき、状況「判断」する
③ 判断にしたがって「行動」する

玄関マットが視覚トラブルで穴に見えたとしても、「こんなところに穴があるはずがない」と判断できれば、克服できます。しかし、認知症に伴い、頼りにすべき知識・経験の記憶が曖昧になった結果（→P.014 ミステリーバス）、適切な判断が難しくなり、「穴がある」と判断を誤り、足がすくんで行動できなくなるのです。

人工物があふれる現代の都市や住宅には、私たちの認知機能を惑わし、「錯覚」を引き起こしやすいものがあふれているのです。

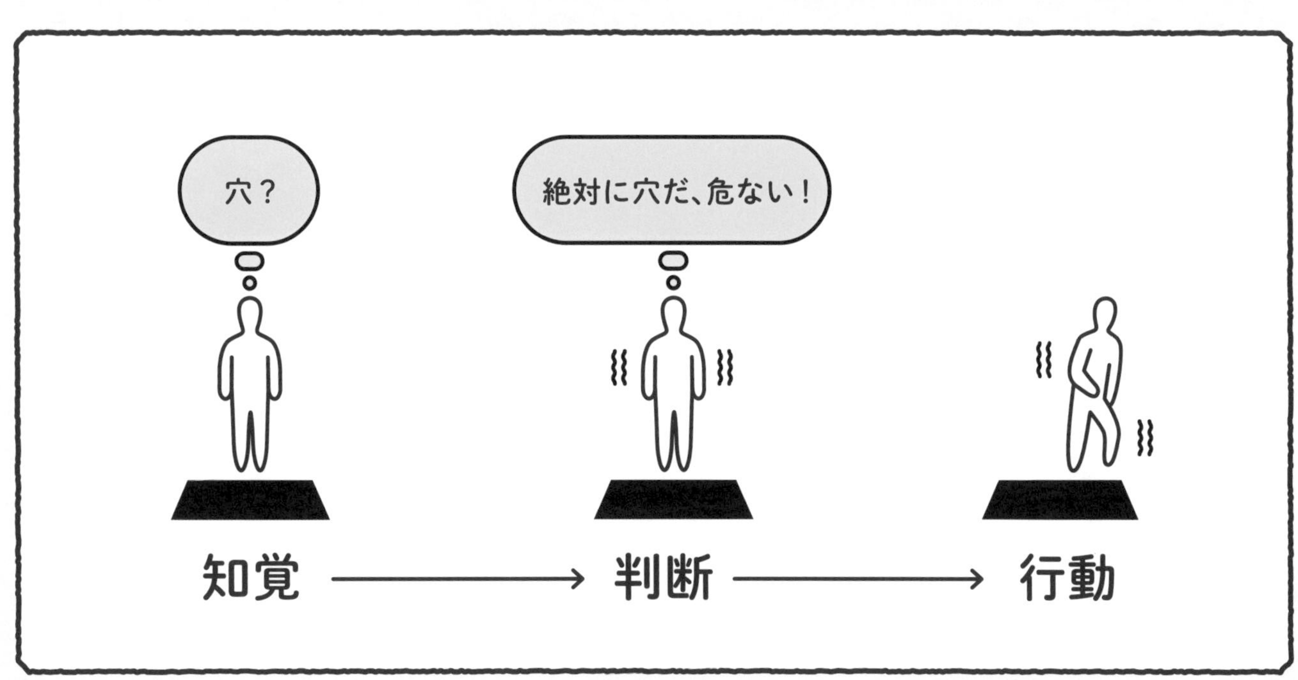

黒い物体が…

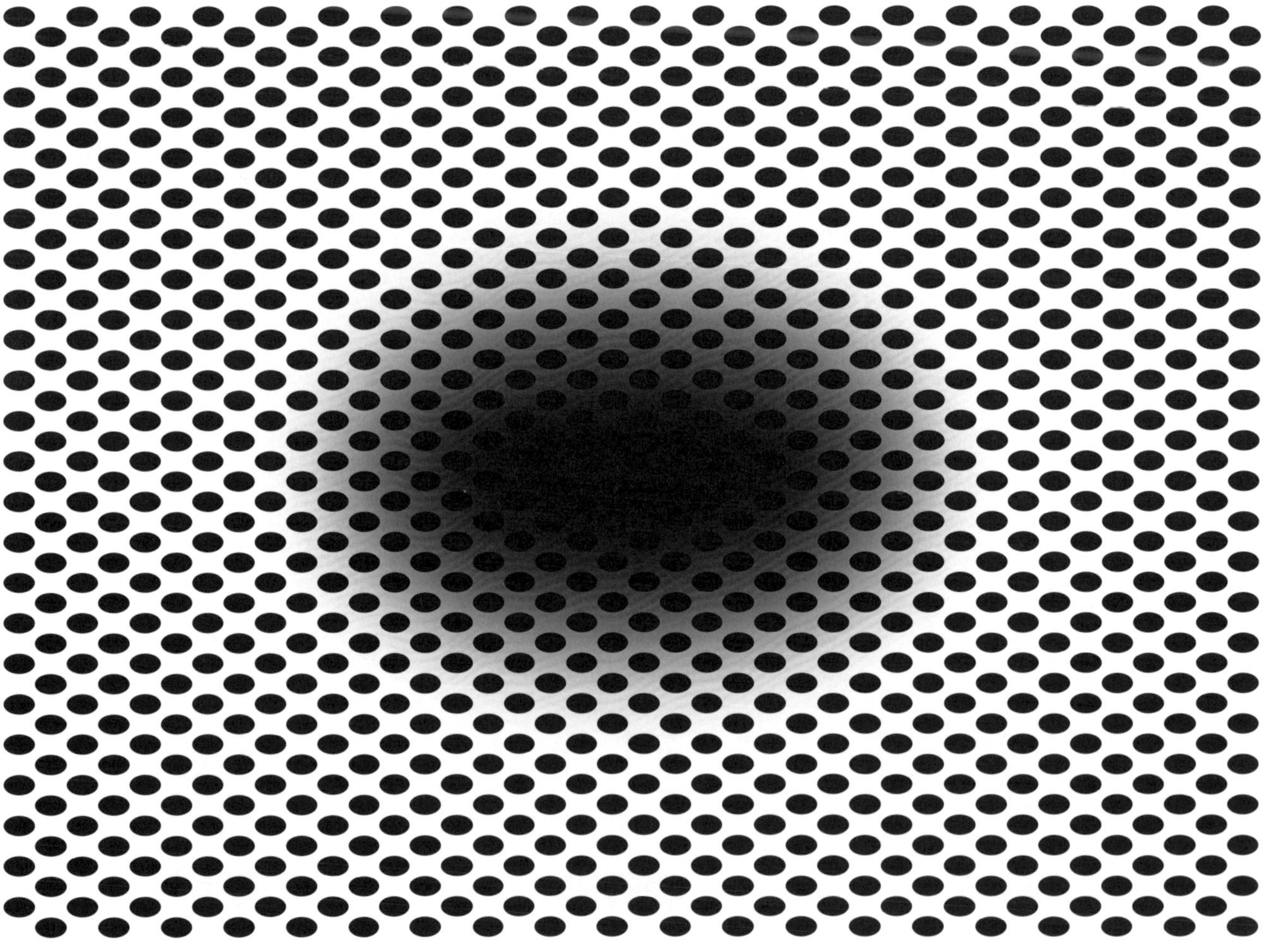

The Eye Pupil Adjusts to Illusorily Expanding Holes（Bruno Laeng , Shoaib Nabil1 and Akiyoshi Kitaoka2/2022）
を元に issue+design が独自に作成

ハーマングリッド
(Hermann/1870 年)

DANBO
ひそひそ
こそこそ
ナイショ
ヒソヒソ

カクテルバー DANBO

この世界は、あなたの注意を奪うもので溢れている

認知症世界。この世界には、聞きたくもないのに、人の会話が耳に飛び込み、気になって仕方なくなってしまう、謎のカクテルバーがあるのです。

二次元銀座の外れにある隠れた名店。大切な人との食事のあとは、このバーで一杯交わすのがこの世界の夜の楽しみ方です。しかし、カウンターに座ってしっぽりと会話を楽しんでいると……。店の隅でヒソヒソと語られている大統領暗殺計画、服ノ袖トンネルに眠る秘宝の噂……そんな話が次から次へと耳に大きく響いて、頭から離れてくれないのです。わたしの耳は大きくなってしまったの？
おかげで、隣に座る恋人からは「人の話ちゃんと聞いてる !?」と大目玉を食らう羽目に。

カクテルバー DANBO の背景

あなたが集中できる時、できない時

進級がかかるテストの前日、仕事の締め切りが迫っている時、そんな時でも、スマホの着信音に反応し、そのままメールやSNS を見続けてしまう。そんなふうに自分の意図とは無関係に、集中力を欠いてしまう経験は、誰にでもあるでしょう。

人は誰もが集中できる時と集中できない時、集中できる場所と集中できない場所があるのです。私たちは仕事、勉強、家事、スポーツ、芸術など様々な局面で「集中力」の有無が問われ、集中度合い次第で成果は大きく変わるのです。

人の話をちゃんと聞けない理由
目の前の作業に集中できない理由

「カクテルパーティー効果」という言葉をご存知でしょうか？ 騒がしいパーティーのような環境でも、私たちは遠くの人の会話に登場した自分の名前を聞き取ることができます。こうした人間が自分に必要な声や音を選択して聞き取る脳の働きを意味する言葉です。このように、人には自分が必要な情報に特別な注意を向けて、集中する能力が備わっています。

私たちの脳は、五感から入ってくる大量の情報の中から、知覚するもの、知覚しないものを選択しています。この操作のことを「注意」と呼びます。

たとえば、朝食で味噌汁を飲んでいる時、舌から味噌と出汁の味、鼻から匂い、指からお椀の温度、耳から家族との会話やテレビの音と、多くの情報を知覚しています。この時、私たちは「味噌汁の味」に集中している時もあれば、家族との会話に集中している時もあるでしょう。これが「注意の選択」という行為です。テレビの音を気にせずに、味噌汁を味わいながら、家族と会話をしている時は、注意を味噌汁と会話の２つに分配させています。同時に、テレビの音への注意は遮断しています。

認知機能の障害により、こうした注意の選択・分配・切り替え・遮断ができないと、満足に話が聞けなかったり、味噌汁をちゃんと飲めなかったり、コップに腕を引っ掛けてこぼしてしまったりするのです。出先で忘れ物をするのも一緒です。友人との会話や周囲の情報へ気をとられ、財布やスマホへの注意を失ってしまい、置き忘れてしまうのです。

自分の注意マネジメント、これはとっても難しいことなのです。

スマホ、そこに置き忘れてませんか？

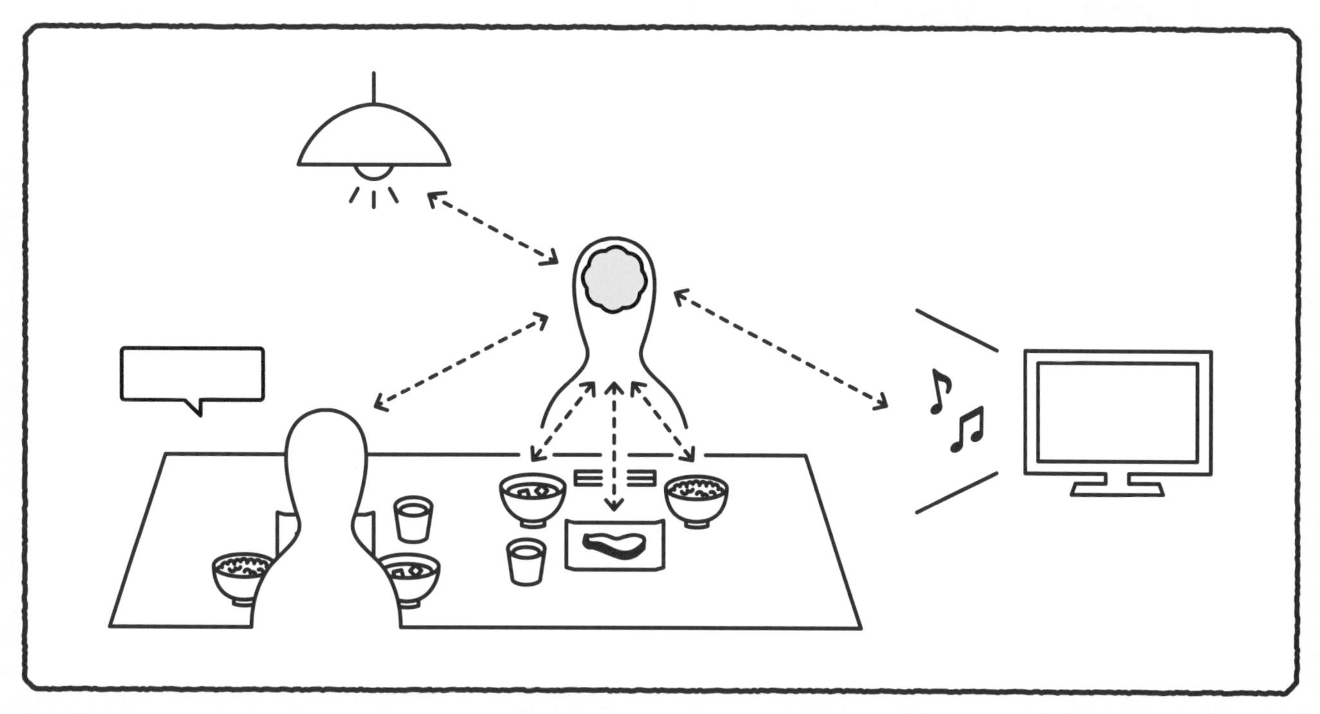

聞けない?! 発せない?! 繰り返す?! 謎

profile

・66歳男性 礼二さん
・大都市郊外の戸建に居住
・妻と娘の３人暮らし

娘さんの結婚式の進行に関する打ち合わせをしている礼二さん。
会場の見取り図とタイムテーブルを見ながら、当日の動きを説明してもらっているのですが、礼二さんは上の空です。
「お父さんはどう思う？」「お父さん聞いてる？」「う、うん…」
何度確認しても、しっかり受け答えができません。
さらに、その日以来、一日何回も「結婚式はいつだっけ？」と同じことを家族に尋ね続けています。

この出来事の背景で、礼二さんが経験した認知機能のトラブルを推理してみましょう！

step 1　左の文章の中で、彼の経験した認知機能のトラブルを示している部分（推理の糸口）を探し、線を引いてみましょう。

step 2　関連しそうな認知機能障害を以下より選び、○をつけましょう。

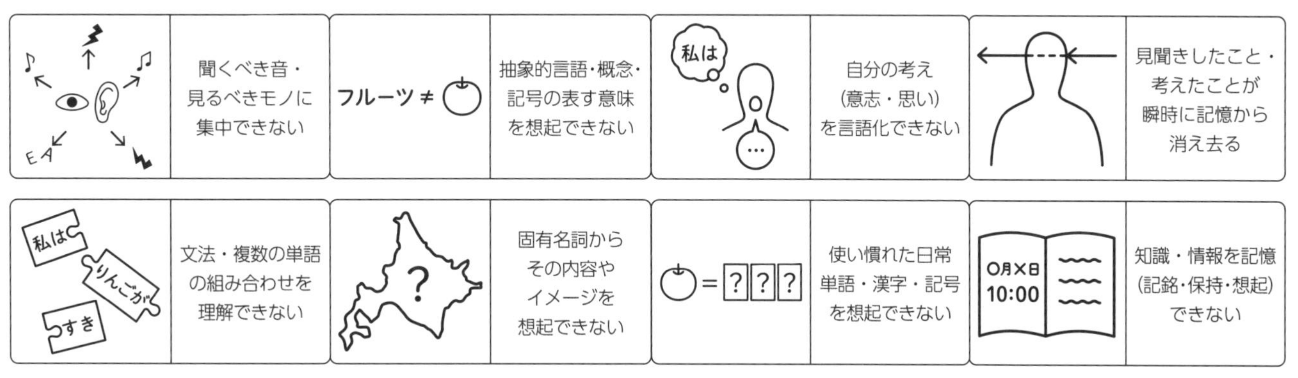

step 3　本人の心と体に何が起きているのか、どんな思いなのかを推理してみましょう。

推理

1 みんなの話が早口で十分に聞き取れなかったのでは？

本人の声 「何？ 何の話してるの？ 話についていけない……」

解説

一つひとつの単語や文章を耳で捉え、それぞれの意味を理解し、記憶に留めることは、認知機能に大きな負担をかけます。そのため、認知症のある方には、周りの人が普通のスピードで話していたとしても、ビデオの２倍速のように、実際以上に早く聞こえてしまうことがあるようです。
これは私たちが始めて海外旅行に行った時に、外国人が話す英語が早口に感じて、全然聞き取れないという感覚と近いでしょう。
複数人が同時に話しをする、突然話題が切り替わることで、話しの流れについていけなくなることがあります。

story
アレソーレ飯店 P.136

文法・複数の単語の組み合わせを理解できない

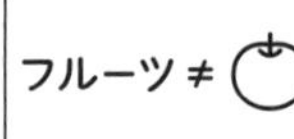

抽象的言語・概念・記号の表す意味を想起できない

固有名詞からその内容やイメージを想起できない

story
カクテルバー DANBO P.124

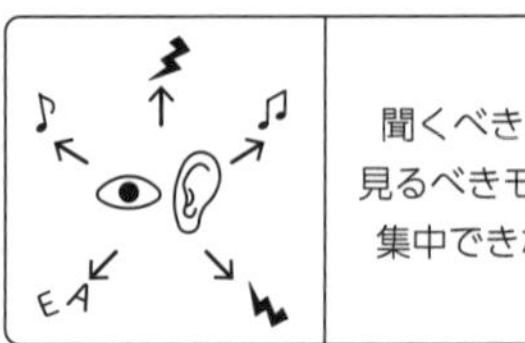

聞くべき音・見るべきモノに集中できない

2 テレビの音や屋外の音が耳に入り、目の前の話に集中できくなってしまったのでは？

本人の声

「『ピーポーピーポー』。あれ？ 何の話しだったっけ？」

解説

注意のトラブルにより、遠くで鳴る救急車の音やテレビの音が、耳に次々と強制的に飛び込んできてしまっているのかもしれません。その結果、目の前の大切な話しに集中しよう、集中しようと試みても、できなかった可能性があります。

story
カクテルバーDANBO P.124

聞くべき音・見るべきモノに集中できない

視覚・聴覚・嗅覚が敏感になる

3 何度聞いても必要な情報を覚えられなかったのでは？

本人の声

「披露宴の最後に挨拶、挨拶……ん？何をするんだっけ？」
「結婚式はいつだっけ？ 結婚式はいつだっけ？」

解説

記憶のプロセス（記銘・保持・想起）にトラブルを抱え、今聞いたばかりの話し、見たばかりのモノを記憶に留めることができなかったことが理由として考えられます。大切な情報を何とか記憶に残そうという思いから、何度も何度も同じことを尋ねる行動に至った可能性があります。

story
ミステリーバス P.014

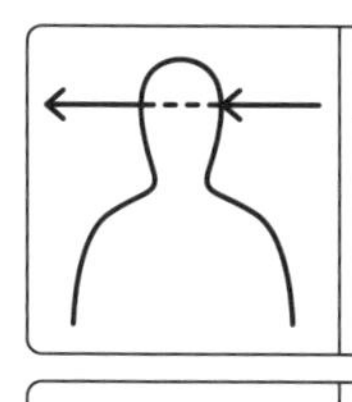

見聞きしたこと・考えたことが瞬時に記憶から消え去る

知識・情報を記憶（記銘・保持・想起）できない

4　話しは理解できたが、自分の意見を言葉にできなかったのでは？

本人の声　「えっと、僕は……えっと挨拶を……」

story
アレソーレ飯店 P.136

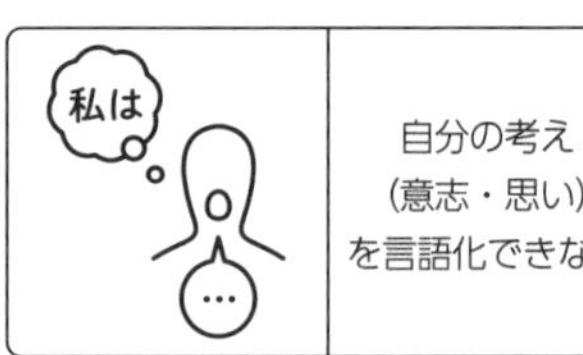

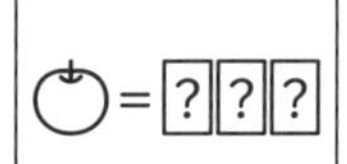

解説

言語のトラブルにより、自分の意見を表現するために必要な単語を想起し、複数の単語を組み合わせて文章を頭の中でつくり、口にすることが難しかった可能性があります。
私たちが英語を話す時に、英単語を思い浮かべ、主語から順に並び替えて、文章にするのが難しくて、断念してしまう感覚と近いでしょう。

娘の結婚など、家族のことに興味関心がなくなってしまったのでは？

解説

認知症により、家族のことに興味関心がなくなったというのは偏った考え方です。ご本人と丁寧に対話し、周囲の話しを聞けない、言葉を発せない理由を推理しましょう。

あなたが認知症のある方ご本人、家族、行政や施設などの支援者、介護スタッフだと仮定した場合、こんな時どうするでしょうか。
あなたのアイデアを自由にお書きください。

次のカードを発想のヒントにしてみよう！

アイデア

場所選び

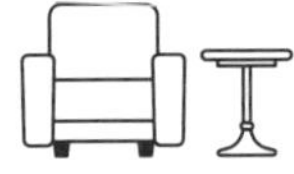

周りの音が気にならない静かな場所で話しをする

目の前の会話に集中できるように、外部の音が聞こえない静かな場所、静かな部屋で話すようにしましょう。音楽やテレビなども本人が心地よく感じている場合を除き、できるだけ消しましょう。

スロー

複数の人が同時に話しかけることを避け、一人ずつゆっくり話す

一人ずつ順々に、大きく口を動かして、ゆっくりと話しましょう。マスクをしていると誰が話しをしているか分からず、混乱してしまうことがあります。話し手が誰かわかりやすいように、身振り手振りで大きな声で話しましょう。

気分転換

一旦中断して休憩する。音楽をかけたり、耳栓をしたりする

一旦、注意が他のことに外れ、会話に集中できなくなると、再度注意を取り戻すまでに時間がかかります。そんな時は、休憩時間をもったり、イヤホンで外部音をシャットアウトしたり、お茶をしたりなどして、気持ちと認知機能を落ち着かせる時間をもちましょう。

見える化

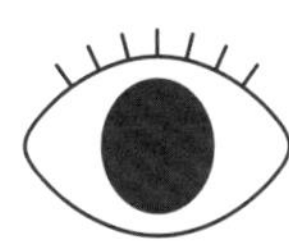

ご本人の当日の役割や流れがわかる独自のタイムテーブルをつくる

ご本人の役割にフォーカスした資料を事前に用意する、もしくは、ともに作成することで、理解が深まることでしょう。

日付や場所などを大きく紙に描き、見えるところに貼っておく

大切な情報、何度も尋ねたくなる情報は、できるだけわかりやすい形で、ご本人の生活空間に「見える化」しましょう。

スマホ

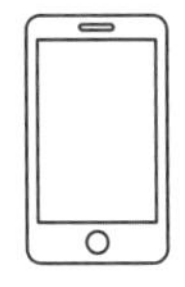

スマホの音声認識機能に結婚式の日付を回答してもらうようにする

「Hey Siri」などと呼びかけると、質問に回答してくれる音声認識アシスタント機能（→P.105）は、記憶の補助にとても役立ちます。ご本人は大切な情報を何とか記憶に留めようという思いから、何度も尋ねています。しかし、何度も尋ねられることは、家族や支援者には、忙しい時など大きな負担です。そんな時には、いつでもどんな時でも、嫌がることなく答えてくれるツールの活用は一つの解決策です。導入の際は、本人と相談し意思を尊重しましょう。

代役

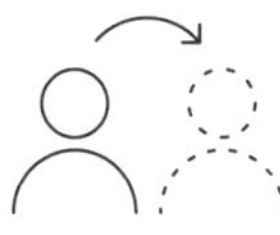

注意！

本人の負担や役割がないように段取りする

自分が果たすべき役割があること、必要とされているということは、本人が何よりも望むことです。難しいことは周囲がサポートし、できるだけやり続けましょう。それが本人の尊厳を保ち、生きがいとなり、認知機能の維持にもつながります。

ソレ
美味しそう!!
コレやばーい!

STORY
13 アレソーレ飯店

言葉も記号もない世界で、あなたはどう生きていく？

認知症世界。この世界には、私たちが当たり前に使っている言葉や記号といったものが存在せず、注文方法が常識とはまったく異なる名店があるのです。

ここは、知る人ぞ知るレストラン。この店では、料理の名前を表す言葉が存在しないため、みんな「あれ！」「それ！」と注文します。
出てくる料理は、和食とも中華ともフレンチとも言いがたい、なんとも表現できないもの。また、味を表す言葉は「やばゐ！」の一言。どんな料理を食べても、みんな口々に「やばゐ！」と満面の笑みで話しています。私も食べてみると、「やばゐ！」以外の言葉が頭にまったく浮かびません。まさに筆舌に尽くしがたい体験です。

STORY 13

アレソーレ飯店の背景

揺らぐ、消える。言語の概念

「印象に残っている映画は何？」と聞かれて、頭の中に映像や俳優の顔がぼんやり浮かんだとします。でも、題名も俳優の名前も思い出せない、そんなことは誰にでもあるのではないでしょうか。

私たちは、あらゆるモノ・コトに対して言語という記号をつけ、同じ記号を他者と共有することで、コミュニケーションをとっています。

言葉を覚えたての幼児にとって、自動車は「ブーブー」ですが、大きくなるにつれて「車」「自動車」と変化します。次第に「消防車」「タクシー」といった用途、「ガソリン車」「電気自動車」といったエネルギー源の違い、「セダン」「ミニバン」などの車種タイプで異なる記号（名称）を学び、自分の言語の概念を拡張させていくのです。

生活から言葉や記号が徐々に消えていく

認知機能のトラブルにより、言語面では主に次の３つの障害に直面します。

1. イメージから単語を想起できない

「あの俳優が出ている、あの映画……」と思い出そうとしてもタイトルが出てこない。外が黄色で中が白いフルーツを食べたくても、「バナナ」という言葉が出てこない。何かの問いやきっかけがあっても、頭のどこかにあるはずの「単語」を想起できないという記憶のトラブルです。

2. 単語や記号から意味が想起できない

「タイタニック」と聞いても、大ヒット映画でお馴染みの沈没した船の名前だとわからない。銀行のATMで「お引き出し」と書いてあっても、何を意味しているかわからない。のマークを見ても、トイレだとわからない。銀座と聞いてもどんな場所かイメージできない。このように単語や記号を見聞きしても、その意味が想起できなくなるトラブルです。

「新橋」「フィリップ 4 世」のような人や場所を表す固有名詞、「調味料」や「下着」のような分類ワード、「チャージ」「ATM」「Ⅶ」のようなカタカナ・英単語・数字・抽象的な記号は、特に想起することが困難になります。

3. 言葉を組み合わせて文章化できない

私たちは、「わたしは（主語）＋りんごを（目的語）＋たべる（動詞）」と、複数の単語の組み合わせで文章をつくります。この組み合わせを複数つくり、その文章同士をつなげることで、自分の意思を人に伝えます。

複数の単語を想起し、適切な順序に並べ替えるのは、高度な認知行為なのです。

これって何かに似ていると思いませんか？ そう、英語を習って初めて、外国人と話した時の状況そのものです。

言語って、とても難しいものなのです。

ご飯を炊かなくなる?! 謎

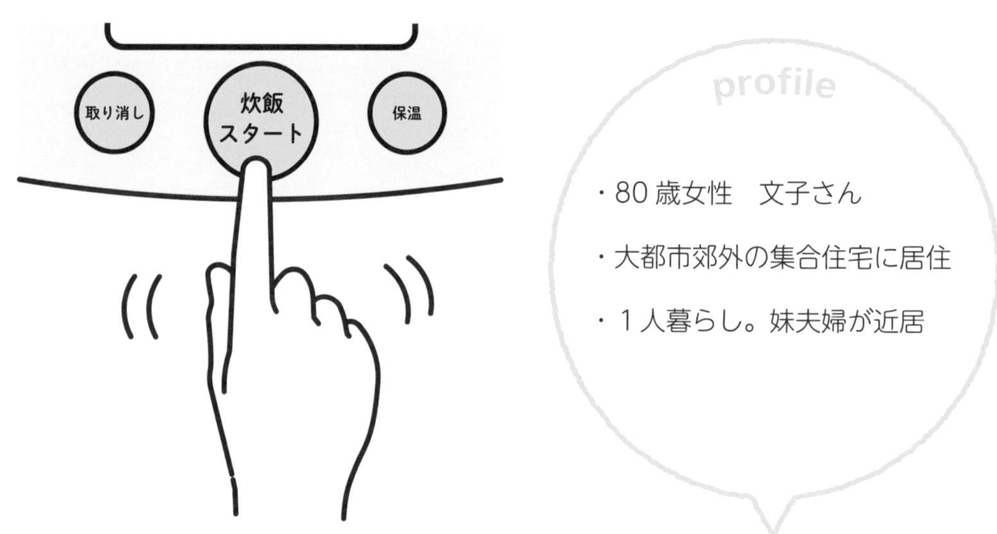

・80 歳女性　文子さん
・大都市郊外の集合住宅に居住
・1人暮らし。妹夫婦が近居

お料理、特にお米を炊いたり、炊き込みご飯やパエリアをつくったり、食べたりが大好きな文子さん。
20 年以上使っていた愛用の炊飯器が故障してしまいました。
そこで、近所に住む妹さんができるだけ安全性が高く、便利な機能が充実した新品を買ってきてくれました。
しかし、その後しばらくして、文子さんはまったくご飯を炊かなくなり、お米をめっきり食べなくなりました。

この出来事の背景で、文子さんが経験した認知機能のトラブルを推理してみましょう！

step 1 左の文章の中で、彼女の経験した認知機能のトラブルを示している部分（推理の糸口）を探し、線を引いてみましょう。

step 2 関連しそうな認知機能障害を以下より選び、○をつけましょう。

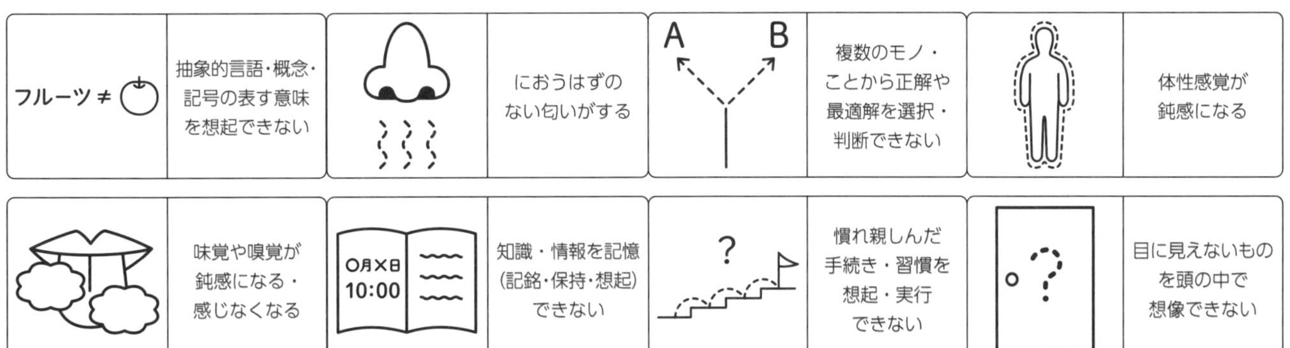

step 3 本人の心と体に何が起きているのか、どんな思いなのかを推理してみましょう。

家電

推理

1　ボタンに書いてある「炊飯」の意味がわからなかったのでは？

本人の声　「炊飯？？？　ご飯を炊くのはどのボタン？」

解説

以前の炊飯器の時は、長年の経験から感覚的に「炊飯ボタン」を押していたと考えられます。しかし、新しい炊飯器では、感覚的にはわからず、言語のトラブルで「炊飯」の意味が理解できず、ボタンを押せなかった可能性があります。

story
アレソーレ飯店 P.136

フルーツ ≠ ○	抽象的言語・概念・記号の表す意味を想起できない

2　ご飯の味や匂いが嫌なものに感じられたのでは？

本人の声　「ん？ なに？ このトイレみたいな臭い？！」

解説

味覚や嗅覚のトラブルにより、今まで大好きだったご飯の味や匂いに異変を感じたり、嫌なものに感じてしまっている可能性があります。

story
七変化温泉 P.084

味覚や嗅覚が鈍感になる・感じなくなる

におうはずのない匂いがする

3 お米を量り、とぎ、ボタンを押す一連の手順がわからなかったったのでは？

本人の声 「お米を量って、スイッチを押し、水は……」

story
カイケイの壁 P.148

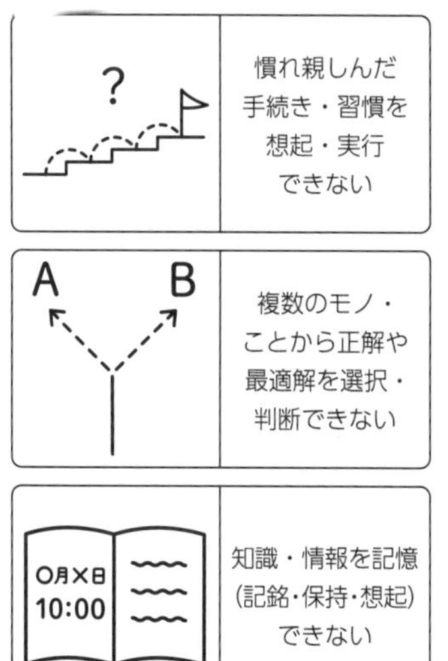

解説

「ご飯を炊く」という行為を達成するまでには、「お米を量る→お釜に入れる→水を入れる→お米を研ぐ→水を適量入れる→炊飯器の電源を入れる→炊飯ボタンを押す」と実に多くの手順を経る必要があります。その手順一つひとつで記憶・五感・空間認識・注意などの多くの障壁が待っています。
認知機能の低下により、どれか一つにつまづき、次の手順に進めない、もしくは適切な順番がわからなくなってしまった可能性が考えられます。

認知症が進行して、お米の食べ方を忘れてしまったのでは？

解説

長年継続し、習慣化していた作業の記憶は長期にわたり、維持されます。「お米の食べ方を忘れた」と一括りにせず、必ずあるはずの「お米を炊かない理由」を探りましょう。

あなたが認知症のある方ご本人、家族、行政や施設などの支援者、介護スタッフだと仮定した場合、こんな時どうするでしょうか。
あなたのアイデアを自由にお書きください。

次のカードを発想のヒントにしてみよう！

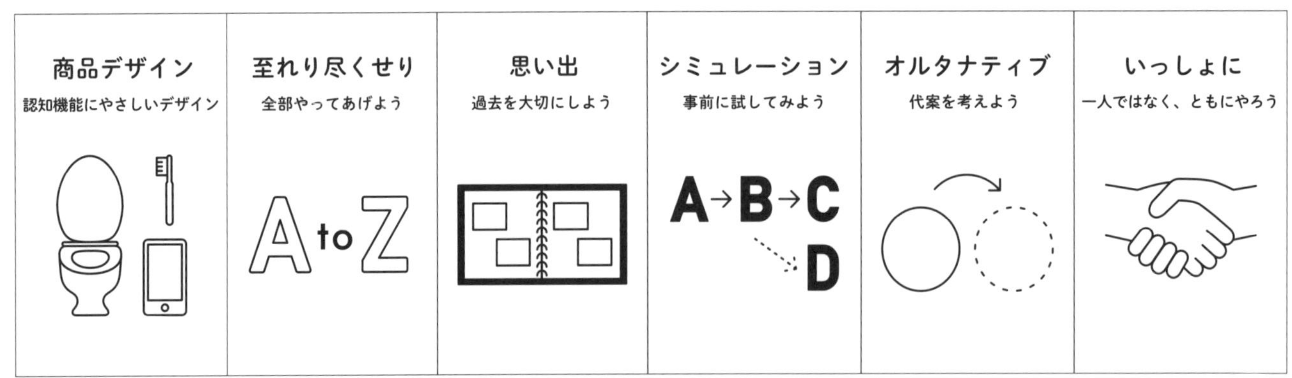

アイデア

思い出

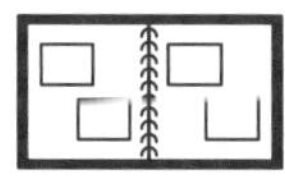

駆染みの家電を修理して、できるだけ長く使う

長年蓄積された経験記憶は長期間保持されるため、使い慣れていて、無意識に感覚的に使えるモノやサービスは、認知機能が低下したとしても、長く使用できることが多いようです。

一般的に便利なモノ、家族など周囲の人にとって使いやすいモノが、本人にとって使いやすいモノではありません。使い続けられるものは、修理やメンテナンスをすることで大切に長く使うようにしましょう。

家電

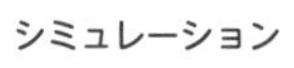

A→B→C
D

一緒に炊いてみて、つまずくポイントを確認し、障壁を克服するためのオリジナルマニュアルをつくる

ご飯を炊くという手続き（プロセス）を、できるだけ細分化してみましょう。そのプロセスのどこでつまずくのか、障壁があるのかが明らかにできると、障壁を取り除く色々な工夫が可能です。炊飯器を開けるボタンを押すのが難しいのかもしれません。電源コンセントを差すのが難しいのかもしれません。今の家電は簡単なように見えて、色々とわかりにくいところがあるものです。一緒にオリジナルの写真付マニュアル、取扱説明書（トリセツ）を作るのもおすすめです。

いっしょに

本人と一緒に買い物に行って、使いやすそうなものを一緒に選ぶ

これまでのモノを使い続けるのが困難な場合は買い替えが必要となります。その場合、大切なことは、ご本人とともに実物を見て、実際に試してみて、ともに選ぶことです。

ご本人が自分で選ぶことで、自分のモノだという思い、モノへの愛着が生まれ、使い続けようというモチベーションが高まります。

モチベーションが高ければ、多少つまずいた時にも、試行錯誤しながら最後までやり遂げようとすることでしょう。日常生活の試行錯誤の積み重ねは、認知機能の維持のためにも大切なことです。

オルタナティブ

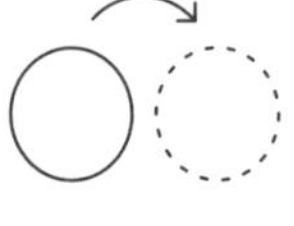

注意！

家族や支援者が、最も簡単に使えそうなシンプルな炊飯器を買ってくる

周囲の人が良かれと選んだもの、与えられたものは、使えない、使わなくなってしまうことが大半です。本人とともに選ぶ、決めることが大切です。

至れり尽くせり

ご飯を一人で炊くのは諦めて、家族や支援者が代わりにやるようにする

「できない」と諦める、周囲が代わりにやってしまうことは、本人の尊厳を損ない、認知機能の低下にもつながります。

できるだけ、本人がやり続けられるように、障壁を明らかにし、乗り越える方法を検討しましょう。

あなたは、このチケット入手できる…？

まだまだチケットはあるのに、なぜか入手困難と噂の認知症世界ツアー

認知症世界一周ツアー

認知症世界を２泊３日で巡る旅にいきませんか？

認知症のある方に見えている景色が見られる、認知症世界を一周できるツアーです。旅は、あなたがこのチケットを申し込む、今まさに始まろうとしています！お申し込みはお早めに！

チケット申し込みはこちら！

好きなスポットをめぐろう！

▽ おすすめコース

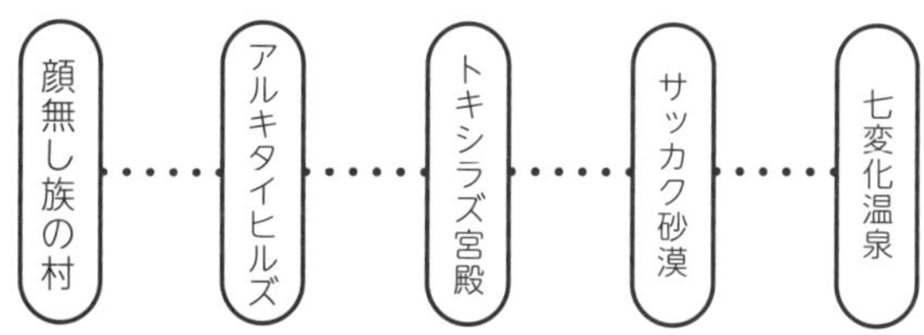

カイケイの壁

支払い終わるまでが冒険だ！

認知症世界。この世界には、お会計というゴールにたどり着くまでに、数々のトラップが潜んでいる高い壁がそびえ立っているのです。

この世界屈指のクライミングスポット・カイケイの壁は、なんと、とあるスーパーマーケットの目の前にそびえ立っています。ほぼ直角のこの壁を登り始めると……。
時には記憶の溝にはまり、どこに手を伸ばせばいいのか次の動きがわからなくなる。時には巨大な生き物の鳴き声に驚き、注意を奪われる。目の前の空間が歪み、足を滑らせ踏み外す。タイムリミットは数十秒。この断崖絶壁のアドベンチャーに挑む道のりには、様々な難所が待ち受けています。

カイケイの壁の背景

人生は選択の連続だ

・交通系 IC カードで電車に乗る
・スマホの QR コード決済で買い物する
・遠方の家族とテレビ電話をする

現代社会では、このような便利な仕組みがたくさんあります。我々の生活はこうした技術の進化の恩恵を受けて、どんどん効率化、省力化されてきました。

しかし、この便利な仕組みを使いこなすには、高度な認知機能が必要です。長年蓄積された経験が役立たず、次々登場し進化する新しい IT サービスについていけないという方も多いでしょう。

長年蓄積された「経験記憶」は残っていても、短期の記憶の保持が難しい認知症のある方、加齢により認知機能が低下しつつある高齢の方にとっては、非常に生きにくい環境です。

手続きを達成できない理由

・炊飯器でご飯を炊く
・ATM でお金を下ろす
・お湯を入れてカップ麺をつくる

最新の IT サービスの利用以外でも、私たちの人生には、色々な「手続き」があふれています。手続きとは「続」という言葉が入っているように、複数の工程を手順通り続けることを意味します。

工程一つひとつで正しい選択ができないと、ゴールにたどり着きません。メニューの選択、カードの選択、暗証番号、一つ間違えるとお金を引き出すことはできません。お湯を捨てる前にソースを入れてしまったら、カップ焼きそばは味がしません。誰もが選択を誤り、思い通りのことができなかったことがあるのではないでしょうか。

正しい選択をするためには、多くの情報を処理する認知機能が必要です。

記憶の壁に突き当たり、何をすればいいかわからなくなるかもしれません（→P.014 ミステリーバス）。周囲の人の声や音楽に聴覚が支配され、目の前のやるべきことに集中できないかもしれません（→P.124 カクテルバーDANBO）。手足を自由に動かし、必要なものを掴んだり、適切な場所に足を運ぶのが難しいかもしれません（→P.080 服ノ袖トンネル）。

一連のプロセスの中で、何か一つの壁や落とし穴に遭遇してしまったら、目的は達成できないのです。まるで難易度の高いアクションゲームのようです。

高度に都市化・技術化が進んだ社会には、人の認知機能を脅かすモノ・コトがあふれています。

誰もが、認知機能の壁に衝突することなく生きられる、そんな社会のデザインが求められています。

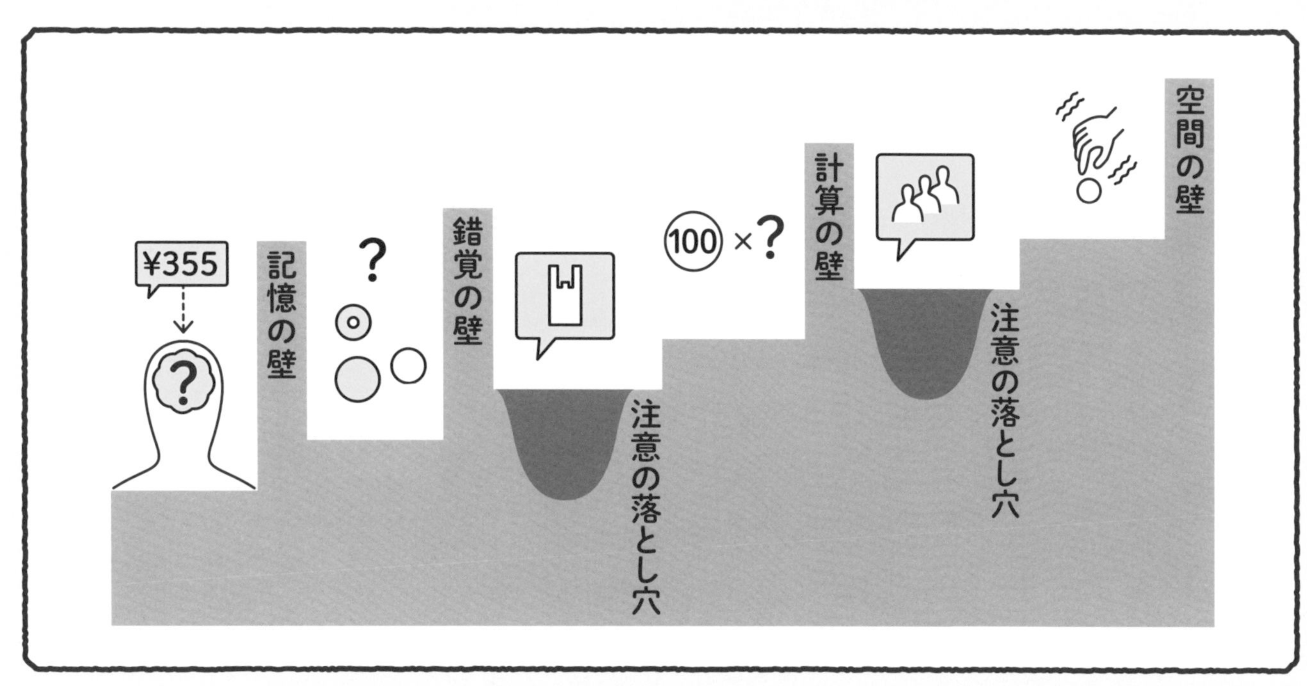

スーパーが鬼門になる ?! 謎

profile

・77 歳女性 金恵（かなえ）さん

・大都市郊外の集合住宅に居住

・看護師の娘さんと２人暮らし

お買い物が大好きな金恵さん。スーパーマーケットに買い物に行くのは、大切な毎日の日課です。

その日はお店が少し混雑している模様。

長い列ができているレジに並び、ようやく自分の番になりました。

しかし、折角並んだのに、急に気持ちが変わったのか、しばらくしてお会計するのを諦めてしまいました。

その日以来、あまり買い物が好きではなくなってしまったようで、スーパーへの足が遠のきがちです。

この出来事の背景で、金恵さんが経験した認知機能のトラブルを推理してみましょう！

step 1　左の文章の中で、彼女の経験した認知機能のトラブルを示している部分（推理の糸口）を探し、線を引いてみましょう。

step 2　関連しそうな認知機能障害を以下より選び、○をつけましょう。

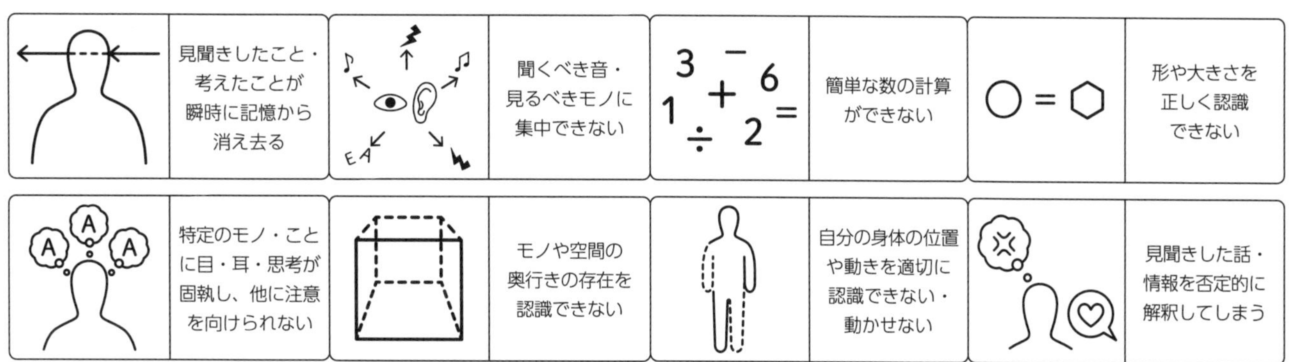

step 3　本人の心と体に何が起きているのか、どんな思いなのかを推理してみましょう。

買い物

推理

1 財布からお金を出そうとしている間に、金額がわからなくなってしまったのでは？

本人の声

「375円ね。ん？ いくら？ 375円ね。ん？」

解説

短期記憶のトラブルにより、金額を目や耳で確認しても、財布に目を落とした途端に記憶から消えてしまい、金額がわからなくなってしまった可能性があります。何度もモニターを見返しても覚えられなかったのかもしれません。

story
ミステリーバス P.014

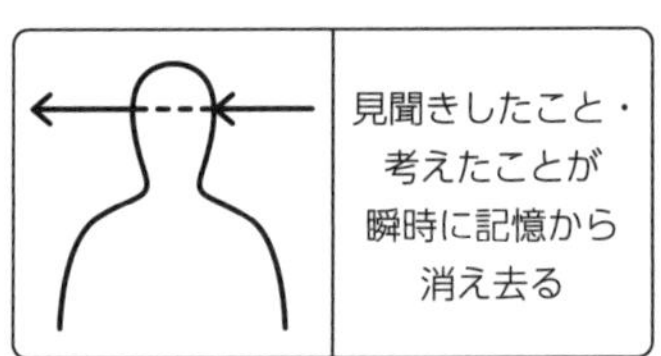

2 会計に必要なお金の計算が難しかったのでは？

本人の声

「500円玉はないから、100円を3枚、10円玉は???」

解説

数字を記憶し、加減乗除するのは高度な認知機能を必要とする行為です。認知機能のトラブルで計算が困難となり、大好きだったお買い物が辛くなってしまった可能性があります。

story
ミステリーバス P.014

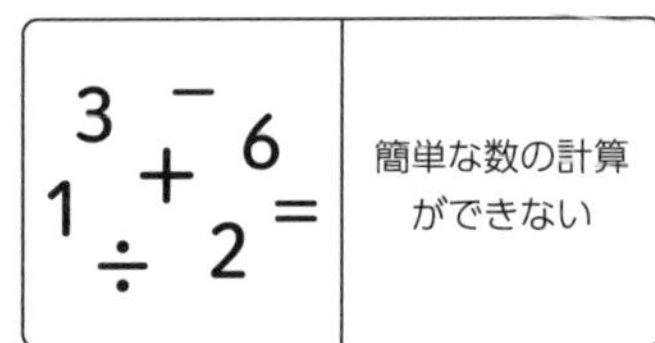

3 館内放送や周囲の人の声が気になり混乱してしまったのでは？

本人の声

「375円ね。『いらっしゃい！ 今日は鮭がお得だよ〜』。ふーん、鮭がお得なのかぁ。あれ？ 何してるんだっけ？」

解説

五感と注意のトラブルにより、周囲の様々な音が耳に次々と強制的に飛び込んできて、お会計に集中できなかった可能性があります。

story
カクテルバー DANBO P.124

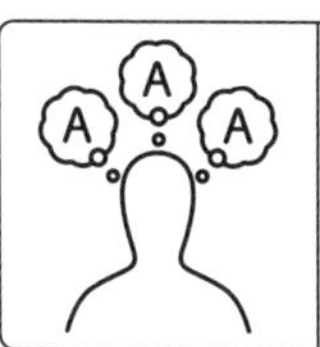

特定のモノ・ことに目・耳・思考が固執し、他に注意を向けられない

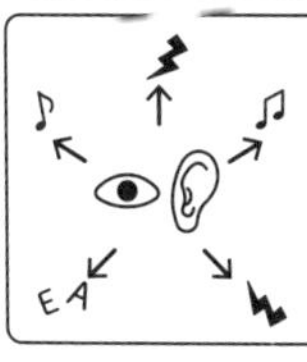
聞くべき音・見るべきモノに集中できない

4 必要な小銭やお札を財布から見つけ、取り出せなかったのでは？

本人の声

「5円玉あった。あれ？ これは50円だ。100円？ 1円？」

解説

2つの理由で、財布という小さな空間から小銭やお札を取り出す行為が難しかった可能性があります。

1つ目はカタチと色の識別のトラブルです。一円玉と百円玉、五円玉と五十円玉、これらの色や大きさの違いを識別できず、お目当ての小銭を見つけることができなかったのかもしれません。

story
サッカク砂漠 P.118

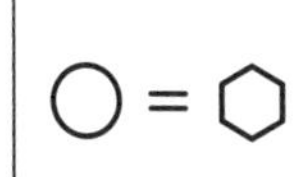
形や大きさを正しく認識できない

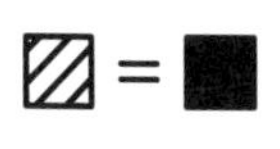
細かい色の差異を識別できない

story
服ノ袖トンネル P.080

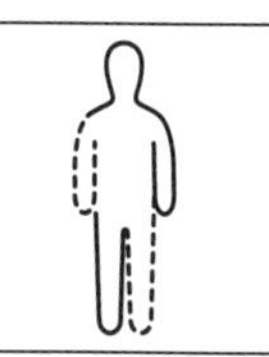
自分の身体の位置や動きを適切に認識できない・動かせない

2つ目のトラブルは、身体感覚と空間のトラブルです。財布の中で、取り出すべき小銭のところに指を適切に動かし、お目当ての小銭をつまみ、財布から取り出すことが難しかった可能性があります。

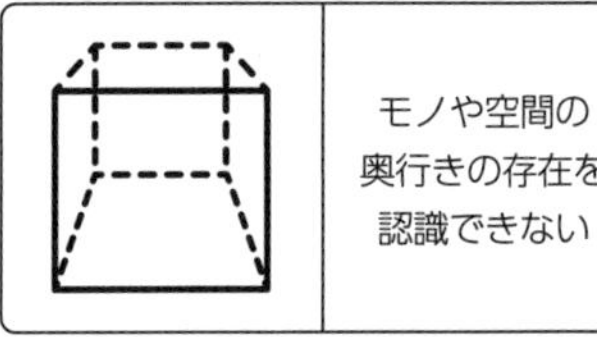

5　後ろの人が気になり、会計を諦めてしまったのでは？

story
喜劇団タイタニック P.038

本人の声　*「こんなに列が…… 後ろの人が……」*

解説

混雑していて、自分の後ろに長い列ができてしまい、人に迷惑をかけたくないという思いから、あきらめてしまった可能性があります。

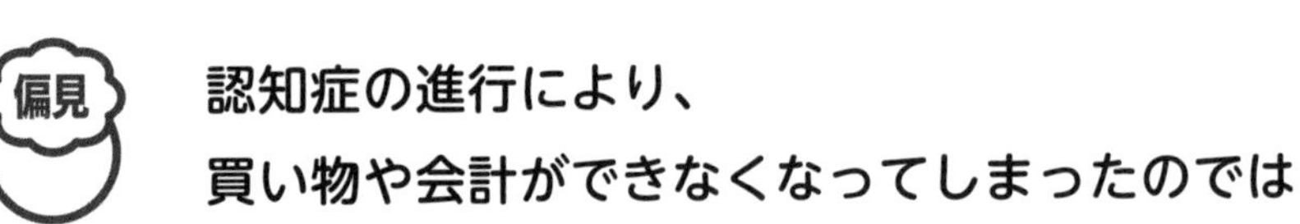

偏見　認知症の進行により、買い物や会計ができなくなってしまったのでは？

解説

認知症により、「買い物や会計ができなくなった」と一括りにはせず、本人がお会計に困難を感じた理由を推理し、その克服のための対策を検討しましょう。

あなたが認知症のある方ご本人、家族、行政や施設などの支援者、介護スタッフだと仮定した場合、どのようにこの状況を解決するでしょうか。あなたのアイデアを自由にお書きください。

次のカードを発想のヒントにしてみよう！

アイデア

ご近所さん

一緒にお店を訪れ、なじみの客になっておく

本人がお店でトラブルになった場合などに頼りになるのが、馴染みのお店であり馴染みの店員さんです。普段から密接にコミュニケーションをとっておき、可能な限り、ご本人の症状や苦手なことを理解してもらっておくと、大きな問題を避けられます。

店員・運転手

普段から、ご近所で高齢者や認知症に理解のある店や会話がしやすい店員を探し、馴染みの場所を増やしていきましょう。

場所選び

高齢者に配慮した店舗、空いている時間帯を調べ、利用する

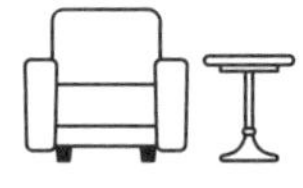

通路やレジ回りが狭い店、レジの台数が少なく長蛇の列になりやすい店、夕方などの混雑している時間帯は、お買い物の難易度が格段に上がります。
空間的ゆとりがある店や時間帯を事前に把握しておき、その店・時間帯に買い物に行くようにしましょう。
イギリス発の「スローショッピング」という取り組みがあります。アナウンスや音楽を最小限にし、認知症のある方がゆっくり買い物を楽しめる特定の曜日や時間帯を設定する活動です。日本国内でも導入する店舗が出てきています（まだまだ限られるため、今後増えることを期待しています）。

スマホ

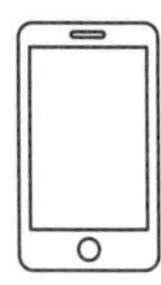

電子マネーなどの買い物手段を一緒に検討し、試してみる

お金の計算や取り出しが不要で重宝するのが、プリペイドカード・クレジットカード・電子マネーです。
使い過ぎ防止など、便利な機能がついたカードもあります（→P.160 安心キャッシュレスサービス）。電子マネーはチャージが難しいというご本人の声を聞きますので、残額が一定以下になると自動的にチャージされるサービスを利用するのが良いかもしれません。ご本人と相談の上、色々な選択肢を検討し、本人が最も使いやすい決済手段を選択しましょう。

いっしょに

注意！ 買い物には、家族や支援者が同行するようにする

本人が同行を望むのであれば、それも一つの方法です。ただし、「一人ではできない」と諦める、周囲がサポートしすぎてしまうことは、本人の尊厳を損ないかねません。自立した生活を続けることは、認知機能の維持にもつながります。本人が望む場合は、できるだけ一人で続けられるように、障壁を明らかにし、乗り越える方法を検討しましょう。

脳トレ

注意！ 計算問題や脳トレゲームなどを毎日促し、計算機能の維持・強化を図る

「50円玉３つでいくら」「３＋９は？」など計算問題やパズルなどの脳のトレーニング問題を出すのは、本人が楽しんでいる場合を除いて避けましょう。本人の自尊心を傷つけ、ストレスの蓄積につながりかねません。

金銭管理の強い味方

安心キャッシュレスサービス

クレジットカードはお会計の時に便利だけど、紛失も怖いし、使い過ぎるのも心配だし……

現金でのお買い物が難しくなってきた時に便利なのが、キャッシュレスサービスです。ただし、クレジットカードは紛失や使い過ぎが心配です。スマホを活用した決済は、手続きが難しいことも多いでしょう。
そんな方に便利なのが、KAERU というプリペイドカード（事前チャージ式）のキャッシュレスサービスです。コンビニ、スーパー等様々なお店で使える決済機能に加えて、以下のような特徴があり、安心して使用できます。

こんな便利な機能が

- 事前チャージ式で使い過ぎを防止。万が一の紛失時にも、リスクが少ない
- 紛失時にはスマホで簡単に使用停止・再開が可能
- 一日の利用限度額を事前に決めることができるため、使い過ぎを防止できる
- 買い物リストをスマホに記録できるメモ機能。店に近づくとメッセージが来て、買い忘れを防止できる

認知症のある方と向き合う
対話（ダイアログ）8箇条

14の認知症世界のストーリー、10のケーススタディをお楽しみいただけたでしょうか。PART 1の最後に、認知症のある方との対話の際に大切にすべき8箇条をご紹介します。

その1　さよなら！偏見

その2　Yes, and！まず受け入れる

その3　言動の背景を推理する

その4　急がない、ゆっくりと

その5　役者のように振る舞う

その6　ともに考え、ともに決める

その7　やりたい！楽しい！を大切に

その8　地域の仲間をつくる

1 さよなら！偏見

「認知症」というと、何もわからなくなる、介護が必要になる、不可解な言動が増える……このようなイメージを持っていませんか？ まずは、そんな偏見や先入観を取り除くところからスタートしましょう。

私たちは認知症を以下の通り、定義しています。

認知症とは

認知機能が働きにくくなったために、生活上の問題が生じ、暮らしづらくなっている状態

認知機能とは

ある対象（人・モノ・情報）を目・耳・鼻・舌・肌などの感覚器官でとらえ、それが何であるかを解釈したり、思考・判断したり、計算や言語化したり、記憶に留めたりする働き

認知症とは、脳の病気や障害など様々な原因で認知機能が低下している状態、トラブルを抱えている状態であり、理解が困難な言動があったとしても、その背景には、なんらかの認知機能の障害があるのです。

一人ひとり違うことを知る

認知症になったからといって、みんなが一様に同じ症状を経験するわけではありません。14 の旅のストーリーでご紹介したように、認知症の症状は多種多様です。疾患の種類・周りの環境・これまでの暮らしなど、様々な要因の影響を受けるため、その症状・困りごとを抱える場面・進行具合は、人それぞれです。ネット等で見聞きする情報をやみくもに信じたり、自分の中の偏見にとらわれたりせず、症状は一人ひとり違うことを知り、その上で、まずはあなた自身の、あなたのそばにいる人の今の姿を直視しましょう。

4つの社会的障壁

形式的対応の滝
▶ ルールや慣例にとらわれ、困りごとに対応してもらえない
「字を書くことが難しいのに、銀行で自筆サインを求められた」

ステレオタイプの岩
▶ 昔からのイメージ・偏見で「認知症」と一括りにされる
「徘徊すると決めつけられ、部屋を施錠された」

過小評価の谷 ▶「何もできない」扱いを受ける
「トイレを失敗しないようにと、近くで見張られた」

無知の沼 ▶ 疾患や症状の知識がなく、厳しい対応を受ける
「仕事に時間がかかってしまったとき、『さぼっている』と非難された」

認知症のある方の日常生活を困難にする２種類の障壁があります。１つは疾患に伴う認知機能の障壁です。もう１つ忘れてはならない障壁があります。それが前ページで示した４つの「社会的障壁」です。これは市民・地域・公的機関・企業、社会全体の認知症に対する不十分な理解、偏見・誤解・先入観が生み出す心理的な障壁です。偏見からさよならし、一人ひとりと向き合うことから認知症の方との対話は始まります。

できること、できないことを共有する

認知機能の障害により「できること」と「できないこと（難しいこと）」をご本人と周囲の方（家族や支援者）で共有しましょう。

たとえ時間がかかっても、自分でできることを継続することが、ご本人が自分らしく暮らし、認知機能を維持するために大切です。

ある認知症の方が「自分たちが失敗する権利を奪わないでほしい」とおっしゃっていました。道に迷ったり、料理に失敗したり、買い物を間違えたり、日常のトライ＆エラーこそが人生です。多少の失敗の可能性があっても、できる限り周囲は見守りましょう。

一方、「できないこと」「困難なこと」は、一人で頑張るのではなく、「○○が難しい、わからない」と周囲に共有し、工夫を一緒に考え、「誰かの力を借りれば、工夫すればできること」に変えていきましょう。

2　Yes, and！まず受け入れる

傾聴から始まる

人は「聞いている」が「聴いていない」ものです。【聞】は「自然に耳に入る」、【聴】は「注意して聞く」を意味します（小学館『日本国語大辞典』）。認知症のある方の深い思いを、心を傾けて注意深く聴く、「傾聴」を心がけましょう。

まずは肯定「Yes, and」の原則

人は他者の話を、ついつい先入観や習慣的思考に基づき、欠点を探して、良い悪いの判断（特に否定的な判断）をしがちです。対話の開始時に否定的な反応があると、対話全体が否定が続く負のループに陥りがちです。

この状態を避けるために大切なのが、“Yes, and” の思考です。他者の発言に、まず「いいねー」「その通りだねー」と肯定的な言葉を発すると、自分の中で決めます。そう口にすると、人は思考が前向きになります。肯定後に気になるところを述べると、対話相手も受け入れやすくなります。

その反対が “No, but”、「違う。自分の考えは…」と否定から入るスタイルです。相手の言うことに対して、否定から入ったことで、その後の話がうまく進まないことはよくあるでしょう。まず「Yes」から始める、こんな簡単なことだけで意外と他者とのコミュニケーションはうまくいくものです。

3　言動の背景を推理する

認知機能が低下することで、思考力や判断力が衰え、周囲から理解が難しい（自分でも理解できない）、辻褄の合わない言動に直面することがあるでしょう。こうした言動の背景には、必ず何らかの理由があります。「わからない」と一蹴せずに、相手に寄り添い、背景にある認知機能のトラブルと本人の思いを推理しましょう。

アブダクション（仮説推論）

推理する際には、アブダクションと呼ばれる方法が効果的です。

ある前提となる事実から、その事実を説明づける仮説を結論として導く論法です。「地球に引力がある」というニュートンの大発見が「リンゴが木から落ちる」という現象から推論した仮説だというのはよく知られています。シャーロック・ホームズの小説に出てくる推理もアブダクションです。シリーズ第１作で、ホームズは助手のワトスンに最初に出会った際、「あなたは、最近アフガニスタンに行っていましたね」と推理しています。これは、事前に知っていた情報（彼の職業＝軍医）とワトスンの外見（日焼けと負傷）、一般教養（イギリス軍の出兵地域と交戦状況）という解決のヒント（＝糸口）から、推理をしたと考えられます。

推理のヒント＝糸口

認知症のある方の言動の背景を推理するヒントは次の３つから得られます。

1. 傾聴：ご本人の発言にじっくり丁寧に耳を傾ける（P.165）
2. 観察：ご本人の暮らす生活環境やそこでの具体的な行動を観察する
3. 知識：ご本人の現在までの人生歴（仕事、家庭環境、趣味、居住地等）や認知機能の障害に関する知識・教養を聞き取りや本で学ぶ

こうしたヒント（推理の糸口）をもとに、シャーロック・ホームズのように、ご本人の言動の背景にどんなことが起きているのだろう？と推理して、「ドアが閉まっていて、トイレが見つからなかったのでは？」「昔の仕事と関連しているのでは？」などの自分なりの仮説（ある現象を合理的に説明するために仮に立てる説　出典：小学館『大辞泉』）を立ててみましょう。その仮説を頭に置きながら、再度、声に耳を傾け、現場を観察し、人生歴を振り返り、推理を深めて仮説をブラッシュアップしていきます。

こうした発見（傾聴・観察・知識）と推理（仮説推論）の往復運動を繰り返し

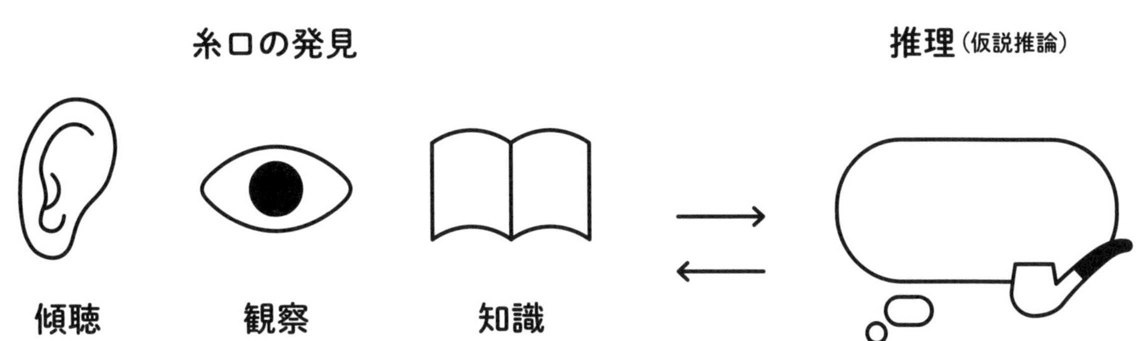

行うことで、ご本人の思いや抱えている課題を深く理解できるようになります。慣れないうちは、ご本人の発言や観察内容（糸口）と感じたこと（推理）を紙に書くことをおすすめします。何度か挑戦して慣れてくると、紙に書かなくても、糸口と推理がどんどんつながってきます。この段階までくると、ご本人の思いをかなりの確率で理解できるようになるでしょう。

過去は大切な推理の糸口

認知症の進行により、最近の出来事の記憶（短期記憶）は失うことが多いですが、以前の出来事や定着した知識などの「長期記憶」は長年にわたり残っている傾向にあります。

そのため、一見すると理解が困難な言動の背景に、過去の体験や人生歴が関わっていることがよくあります。働き盛りだった 40-50 代、家庭と子育てに忙しかった 20-30 代など、充実した時間を過ごした時期・場所にタイムスリップすることが起きがちです。その逆に、戦時中の体験や家族とのトラブルのような辛い経験をした時期・場所にタイムスリップすることもよくあります。

ご本人の人生（仕事、家庭環境、趣味、居住地等）を振り返り、よく知ることで、仮説を立てやすくなり、言動の背景にある認知機能障害を理解できる可能性が高まります。

とはいえ、過去はあくまでも推理の糸口の一つです。捉われすぎることなく、ご本人の声の傾聴、観察など他の糸口と合わせて、推理しましょう。

4　急がない、ゆっくりと

話すスピードをゆっくりと

認知症の進行により、認知症のある方は、会話中の単語や文章の理解に時間がかかるため、話し言葉がビデオの 2 倍速のように、高速に感じることが多いようです。ですので、① 話す速度を落とし ② 簡単な単語で（カタカナやアルファベットを避ける）③ 少ない単語数で話すことを心がけましょう。

行動をゆっくりと

身体を動かすことが難しくなる、周囲の情報に注意を向けるのが難しくなるなどが理由で、急いでテキパキと行動するのが難しくなります。余裕あるスケジュールを組み、十分な時間を確保して行動しましょう。

決断・結論を急がない、ゆっくりと

「財布を盗まれた(P.042)」「食事をしたのに、まだ食べていない(P.030)」など、現実世界とは異なる想定外の言動に遭遇した場合、大切なのが決断・結論を急がずに時間をかけることです。問題の解決を急ぎたい気持ちになりがちですが、ゆっくり時間をかけることで、認知機能のトラブルや精神的混乱が治まり、落ち着いた状態に戻ることも多いでしょう。

5　役者のように振る舞う

良い介護者は良い役者であり、良い役者は良い介護者である

日本演劇情動療法協会が提唱する演劇介護論という考え方があります。

役者は台本上の台詞や行間から言葉の意味を理解し、役づくりを行い、その世界で求められる演技をします。この考え方は認知症世界でも役立ちます。

介護者は、認知症のある方の言動の背景を推理し、認知症の方が生きる世界でのストーリーに従い、振る舞ってみましょう。「お腹が空いたねぇ」「お金はどこに行ってしまったのかな？ 一緒に探してみよう」、現実世界では間違っていることだとしても、本人の生きる世界（認知症世界の台本の中）では、「確かな事実」です。本人の世界・台本に寄り添い、その世界での役に従い振る舞うことで、解決できることも多いでしょう。

たとえ、対応がうまくいかず、拒絶されたとしても、それはあなた自身への否定や失敗ではありません。あくまで、役づくりの失敗と割り切ることが肝心です。客観的に自分の役づくりを見つめ直し、改善していきましょう。もちろん、最初からうまくいかないことも色々とあるでしょう。しかし、繰り返しているうちに、認知症世界への理解が深まり、主人公である認知症のある方ご本人の思いを掴めるようになると、あなたの役づくりにもどんどん磨きがかかっていくことでしょう。

声かけの５つのポイント

理学療法士の川畑智氏は著書『マンガでわかる！認知症の人が見ている世界』の中で、認知症のある方への声かけを以下のように５つのポイントで、悪い声かけと対比する形で提案しています。

Good！	Bad！
① 優しく、豊かな表情で	❶ 怒りながら厳しい表情で
② 目線の高さを合わせ	❷ にらみつけながら
③ 身振り手振りで	❸ 大きな声で語気を強め
④ 大げさな表現を使って	❹ 違う！ダメ！と否定し
⑤ ゆっくり話しましょう	❺ 早口でまくし立てる…

この５か条はどれも特別なことではありませんが、ついつい忘れがちで、余裕がない時はおろそかにしがちなことばかりです。多少大げさなくらいでも構いません。①表情豊かに、②相手の目を同じ高さからまっすぐ見つめ、③身振りや手振りで、④大きな声と表現で、⑤ゆっくりと話しましょう。

スクリーンやテレビで映画やドラマを見ている視聴者は、画面からの限られた情報でストーリーや登場人物の思いを理解する必要があります。認知機能に制限がある状態の視聴者に対して、登場人物の意図や感情を伝えるのが、役者の役割なのです。

認知症世界を演じる名脇役になりましょう。

6　ともに考え、ともに決める

認知症の進行により、日常生活で困難なことが、少しずつ増えていくことでしょう。その結果、どうしても周囲の家族や支援者が考え、決めることが増えてしまいがちです。しかし、できる限りともに考え、ともに決めることを大切にしましょう。

家電の故障による買い替えで、その後使えなくなったというお話はよく聞きます（P.140）。その解決策の一つが「一緒に買いに行く」ことです。周囲が本人に良かれと思って、買ってきたものはその後使わないことが大半です。やはり、「自分で選ぶ」行為は、本人にとって大切です。多少難しいと感じても、自分で使い続ける努力をしようという気持ちの源泉になります。GPS機器やスマホアラームなどのIT機器も同様です。自分で「便利だ」「役に立つ」と思えば、認知症のある方はみなさん積極的に使い方を学び、生活に取り入れます。周囲が勝手に導入してしまうと、反発を受けがちです。

できることは本人が、できないこと（難しいこと）はともに

本人の「できること」「できないこと」に寄り添い（P.164）、できることは可能な限り自分で行う、できない（難しい）ことは、補う手段をともに考え、ともに選択・決定することで、多くの問題が前進することでしょう。

7 やりたい！楽しい！を大切に

今できることを前向きに楽しむ

昔は楽しめた趣味や娯楽ができなくなり、落ち込むこともあるでしょう。できないことが増えてくると、認知症になる前の自分とのギャップに戸惑い、憂鬱になり、悪い方にばかり考えてしまうかもしれません。

そんなときは、家族や支援者とともに、「やりたい！」「楽しい！」「好き！」という気持ちを大切にし、今楽しいと思えることを探し、増やしていきましょう。昔は興味がなかったことでもやってみると、思わぬ楽しさをを発見できたり、素敵な仲間と出会えるかもしれません。運動嫌いだった方が登山に夢中になったり、芸術から縁遠かった方がピアノの演奏にはまったり、多くの認知症のある方が新しい趣味を楽しみ、人生を満喫しています。

支援しすぎない、先回りしない

新しいレジャーの参加や一人での外出などは「ケガしないかな？」「トイレは大丈夫？」と心配なことも多いでしょう。もちろん、安全確認は大切ですが、自分自身で考え、決めて、行動することが人生の生きがいを生みます。トラブル回避のために先回りしたり、支援しすぎることなく、本人の望むこと、できないこと（難しいこと）のみのサポートに留めましょう。

8　地域の仲間をつくる

認知症のある方が暮らしやすい社会をつくるために、あなたが暮らす地域で仲間を増やし、認知症への理解を深め、ともに地域コミュニティの質を高めていきましょう。コミュニティの質には３段階あります。

Ⅰ. 他人ごと段階：

多くの住民が、自分に関係しない課題を自分から切り離し、傍観する、被害者的振る舞いをとる段階です。認知症の方の徘徊が問題になっているとします。それに対して、「家族は何やってるんだ」「いい迷惑だ。鍵をかけて閉じ込めておけ」等の発言が多くの住民から聞かれる段階です。

Ⅱ. 対象化段階：

課題に関心をもち、ある程度主体的に支援しようと試みる段階です。「可哀想だから、みんなで見守ろうよ」「認知症の人増えてきたし、家族は困ってるし、勉強会を開催しよう」等の発言です。

Ⅲ. 自分ごと化段階：

課題を自分ごととして、自分自身が当事者であるというスタンスで取り組む態度です。「認知症は自分の問題だ」「自分を含めてみんなが安心して暮らすために、地域コミュニティが大切だ」といった発言に代表されます。

対話がもたらすコミュニティの進化

コミュニティの質を高めるために必要なのが、住民同士の対話です。

他人ごと段階（Ⅰ）から対象化段階（Ⅱ）へステップアップするためには、講演会や勉強会などを通じて、認知症のある方の生きる世界、抱えるトラブルの理解を深め、認知症への偏見を手放すことにつながる場をつくりましょう。

対象化段階（Ⅱ）で留まってしまうことが、多くの地域で抱えている課題です。特に行政職員 、医療・介護・福祉関係者などは、専門家として、少し引いた客観的な立場や上からの立場で「問題に対処する」「支援する」「話を聞く」というスタンスになりがちです。そんな時は、認知症のある方ご本人と対話する機会を持つことが、最も効果的です。それが難しい場合は、本書の内容を活用したワークショップがオススメです（P.222-）。立場の異なる方々（専門職から一般の人、子どもから高齢者まで）が集まり、認知症のある方のトラブルを推理し、トラブルを乗り越えるアクションを発想するワークショップを開催し、当事者と同じ立場で向き合うことを疑似体験してみるのが有効です。

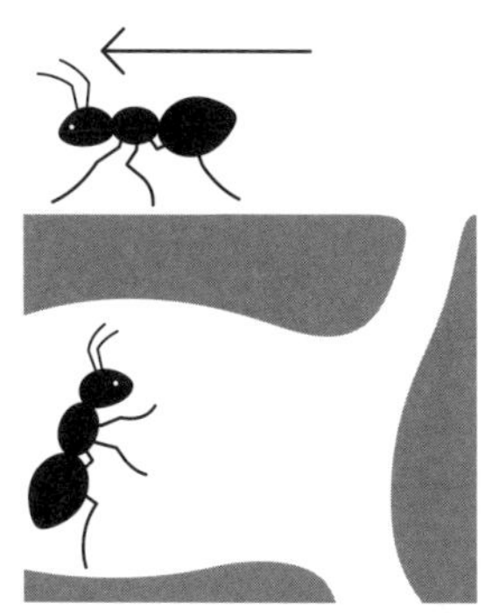

Ⅰ 他人ごと段階

Ⅱ 対象化段階

Ⅲ 自分ごと化段階

PART 2 デザイン編

デザインとは、
人間の持つ「創造」の力で、私たちが生きる環境を美しく整え、社会課題・地域課題・生活課題を解決する手法。
大切な相棒、２人目です。

この相棒とともに、あなたの創造力を駆使し、美しく、楽しく、安心・安全に、この世界の旅を楽しみましょう。

デザイン編の楽しみ方

観察する
ある認知症のある方が暮らす生活空間のイラストを
じっくり観察してみよう。

step 2

発見する
認知症のある方が、暮らしにくさを感じる、生活の障壁となる可能性がある
ポイント（空間、情報、物品など）を探してみよう。

step 3

推理する
そのポイントで、どんなトラブルが起こる可能性があるのかを
推理してみよう。

step 4

アイデアを発想する
トラブルの解決に向けて、デザインのアイデアを考えてみよう。

リビング

左の絵の中で、認知症のある方が暮らしにくさを感じる、生活の障壁となる可能性があるポイント（空間、モノ、情報など）はどこでしょうか。

step 1 絵を眺めて、気になるところ（障壁になりそうだと思うところ）に直感的に○をつけてみよう。

step 2 ○をつけた部分が、なぜ障壁となる可能性があるのか、その理由を考えてみよう。

step 3 その障壁を克服するため、生活空間を改善するデザインのアイデアを発想してみよう。

こたえ

原則 1 - a
光や色の刺激
→P.181

原則 1 - c
強い臭い
→P.182

原則 1 - d
気温と湿度
→P.185

原則 2 - b
複雑で細かい操作
→P.183

原則 4 - a
中身が見えない扉や家具
→P.184

原則 1-a

光や色の刺激

日光、照明、色づかい等の刺激が強すぎることはありませんか？

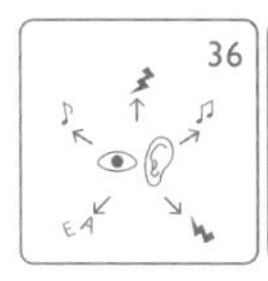

⇨ P.218-219

課題

照明や日光を浴びると、目に刺さるようなを痛みを感じたり、急な明るさの変化に驚いたりすることがあります。
直射日光やスポットライト、裸電球や蛍光灯などの強い光があたらないように気をつけましょう。

解決策

窓に薄手のカーテンやブラインドなどを設置することで、時間帯に合わせて、光の入り方や明るさを調整できるようにしましょう。照明も暖かい色で間接的に照らすものを選びましょう。

原則 1-c

強い臭い

臭いの刺激が強すぎることはありませんか？

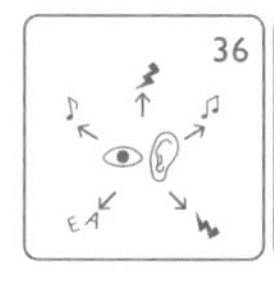

⇨ P.218-219

課題

解決策

嗅覚が敏感になり、香水や芳香剤、汗などの臭いを極端に強く感じ、体調が悪くなることがあります。強い臭いを発するものはすぐに片付け、強い香りのものは使用を避けましょう。

生ごみは袋に入れて密閉する、消臭剤をつける。瓶・缶・ペットボトル・プラスチックトレイなどは簡単に水洗いしてから分別して捨てるなど、ゴミの捨て方を工夫しましょう。

原則 2-b

複雑で細かい操作

複雑な操作、細かい動きが必要なモノはありませんか？

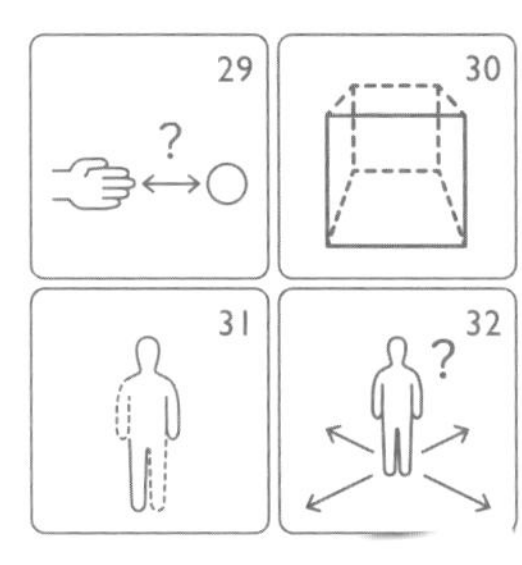

⇨ P.218-219

課題

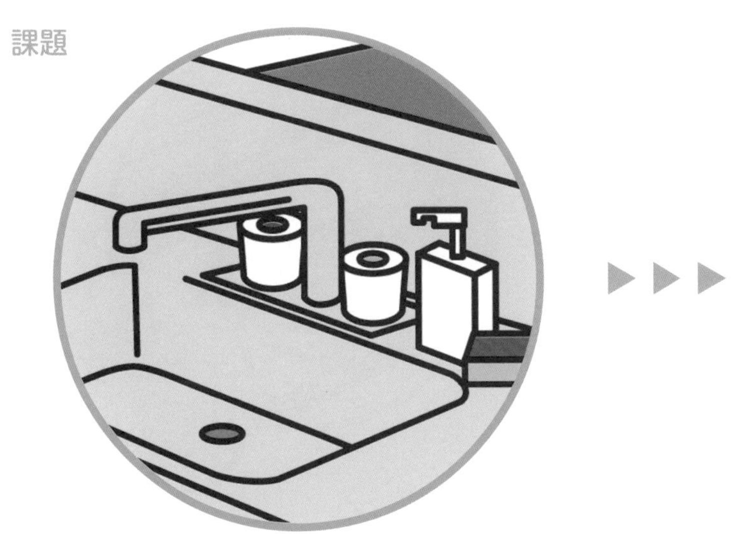

蛇口などの対象物の方向や距離の認識が難しい。自分の身体を思うように動かすのが難しい。こうしたトラブルにより、左右上下前後の三次元の動きが必要な蛇口などをうまく操作できない場合があります。

解決策

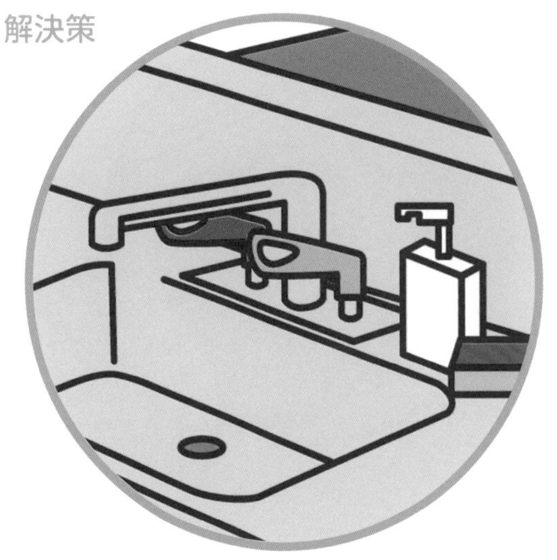

できるだけ使い慣れた形状のモノを選びましょう。難しい場合は、左右の動きだけのもの、押すだけのものなど、操作がシンプルなものに変更する、動かしやすい専用の取っ手をつけるのが効果的です。

原則 4-a

中身が見えない扉や家具

日常的に使うモノを、中身が見えない扉や家具に入れていませんか？

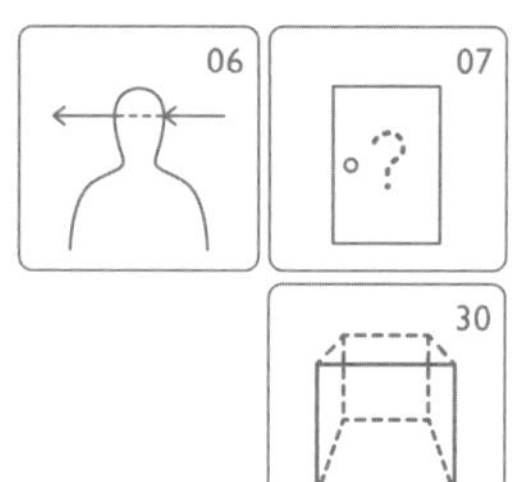

⇨ P.218-219

課題

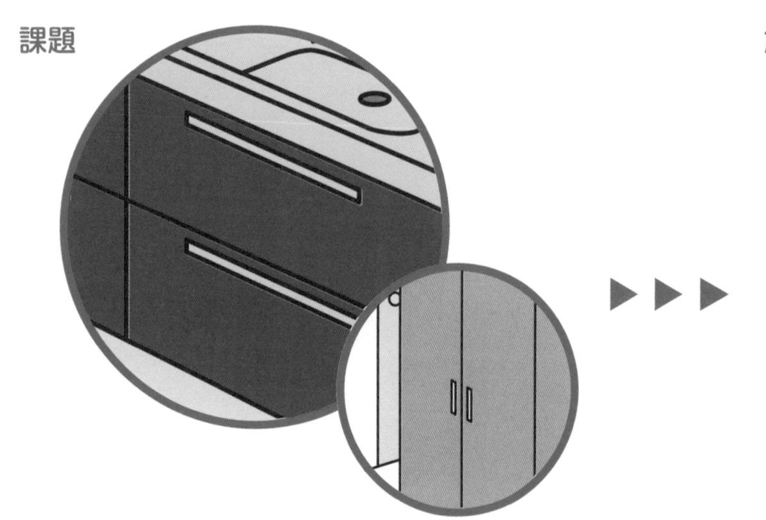

扉や壁などの先にあるモノ、直接目で見えないモノを想像することが困難になることがあります。そのため、何が棚や収納に入っているのかわからず、必要なものを取り出せない可能性があります。

解決策

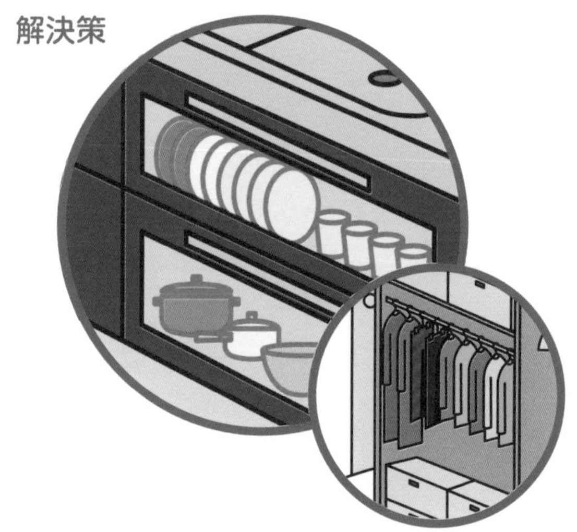

棚や収納類は、扉を外したり、透明な戸や窓つきの戸に変えたり、中に入っているモノを絵や写真、言葉で書いたりするなど、中身がわかりやすいようにしましょう。

原則 1-d

気温と湿度

エアコンや隙間風など、気温や湿度が負担になる場所はありませんか？

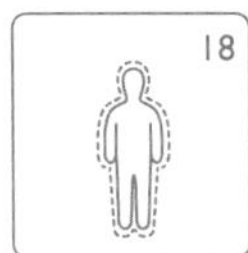

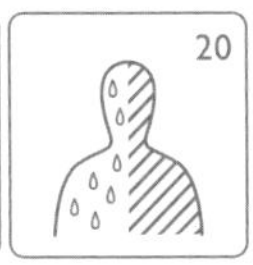

⇨ P.218-219

課題

自律神経に障害を抱え、体温や汗の調節が困難になり、寒すぎる暑すぎると感じることがあります。冷暖房の効きすぎには注意しましょう。

解決策

冷暖房の温度は控えめに設定しましょう。ボタンが多いリモコンの使用が難しい場合があります。シンプルなリモコン、スマホやスマートスピーカー（→P.105）を活用するのも一つの手です。羽織るものも常備して、調節しやすい環境を整えましょう。

あたま
からだ

トイレ・お風呂

左の絵の中で、認知症のある方が暮らしにくさを感じる、生活の障壁となる可能性があるポイント（空間、モノ、情報など）はどこでしょうか。

step 1 絵を眺めて、気になるところ（障壁になりそうだと思うところ）に直感的に○をつけてみよう。

step 2 ○をつけた部分が、なぜ障壁となる可能性があるのか、その理由を考えてみよう。

step 3 その障壁を克服するため、生活空間を改善するデザインのアイデアを発想してみよう。

こたえ

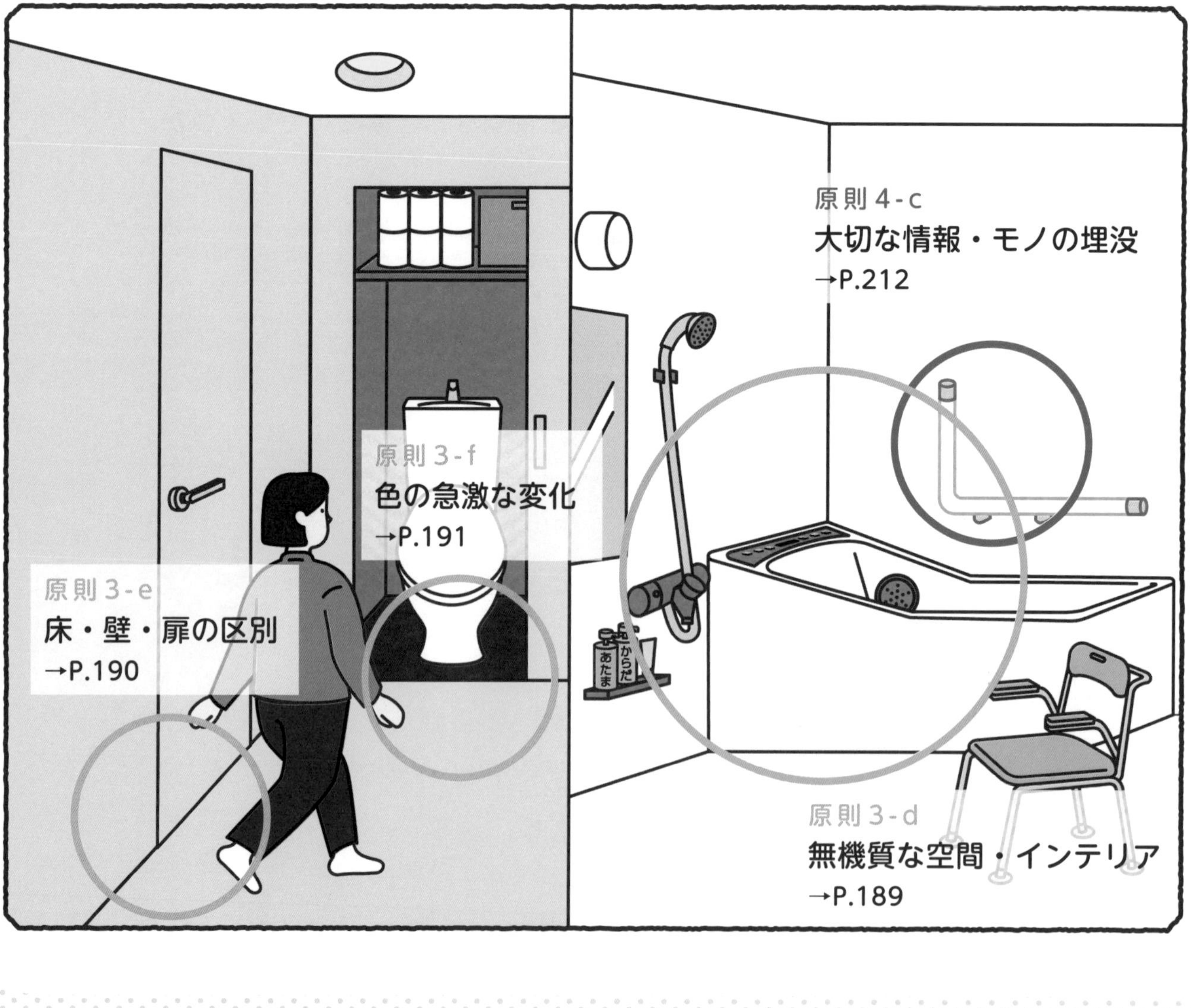

原則4-c
大切な情報・モノの埋没
→P.212

原則3-f
色の急激な変化
→P.191

原則3-e
床・壁・扉の区別
→P.190

原則3-d
無機質な空間・インテリア
→P.189

原則 3-d

無機質な空間・インテリア

使いやすさやデザイン重視で、機能性や温かみが失われていませんか？

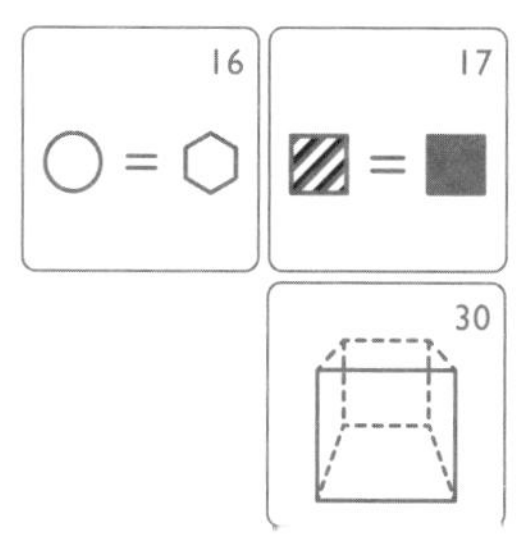

⇨ P.218-219

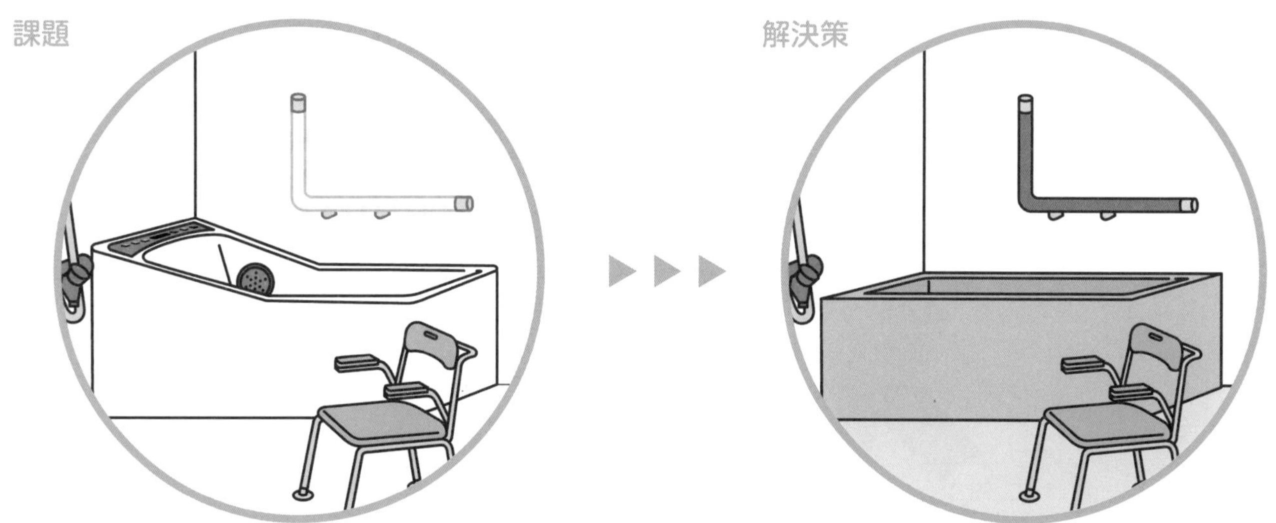

課題

白一色のお風呂は清潔感があります。しかし、浴室の全体像や浴槽までの距離を把握できない。浴槽の縁の部分や深さがわからない。入口などのちょっとした段差に気づけない。こうしたことが原因で、お風呂に怖さを感じてしまうかもしれません。

解決策

浴槽の色は、位置や形がわかりやすいように床や壁と違う色のものを採用しましょう。浴槽内に、浴槽と異なる色のバスマットをひくことも、深さがわかり効果的です。

原則 3-e

床・壁・扉の区別

空間の全体像や大切な場所を把握しにくい配色になっていませんか？

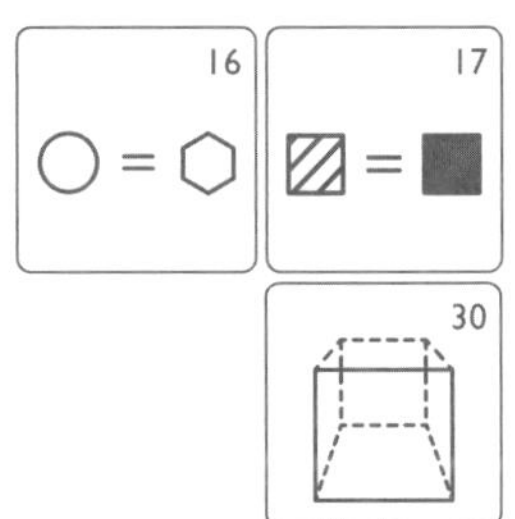

⇨ P.218-219

課題

床と壁、壁と扉が同系色の場合、空間の奥行きや細かい色の差異を正しく認識できず、どこまで床でどこから壁かわからなくなる、扉を見つけられなくなることがあります。

解決策

床と壁の色をはっきり変えることで、空間全体の構成を認識しやすくなります。
トイレや自分の部屋の入口など、大切な扉は、壁とは明確に異なる色にしましょう。

原則 3-f

色の急激な変化

段差や穴と誤認するような、急激に色が変化するところはありませんか？

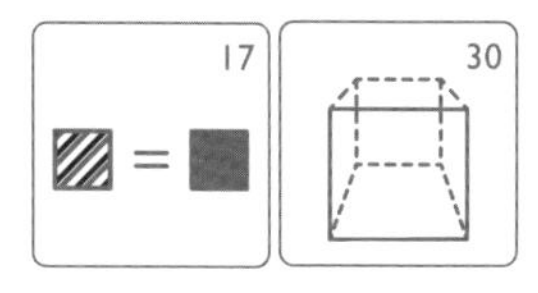

⇨ P.218-219

課題

解決策

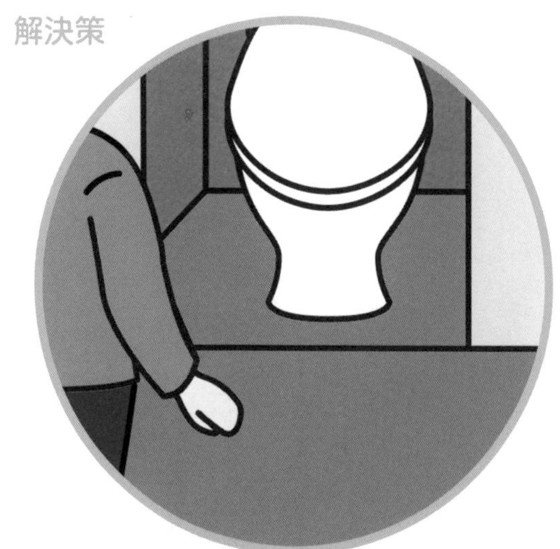

空間の奥行きや細かい色の差異を正しく認識できないことにより、床の色の違いを段差に感じたり、穴が空いているように感じたりすることがあります。

廊下とトイレなど、変える必要のない部分の床の色はできる限り同じ色で統一すると良いでしょう。

お風呂
トイ

寝室

左の絵の中で、認知症のある方が暮らしにくさを感じる、生活の障壁となる可能性があるポイント（空間、モノ、情報など）はどこでしょうか。

step 1 絵を眺めて、気になるところ（障壁になりそうだと思うところ）に直感的に○をつけてみよう。

step 2 ○をつけた部分が、なぜ障壁となる可能性があるのか、その理由を考えてみよう。

step 3 その障壁を克服するため、生活空間を改善するデザインのアイデアを発想してみよう。

こたえ

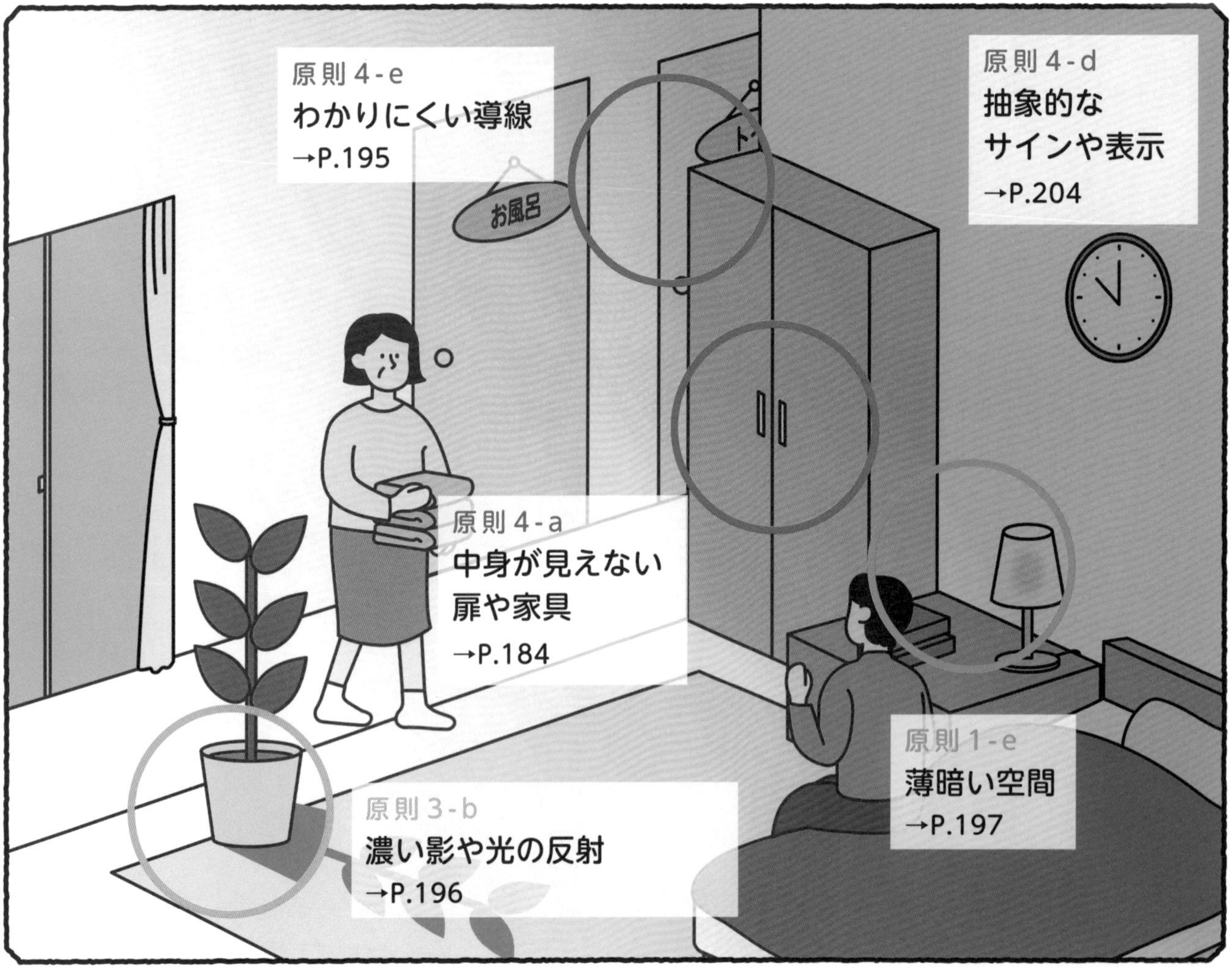

原則 4 - e
わかりにくい導線
→P.195

原則 4 - d
抽象的な
サインや表示
→P.204

原則 4 - a
中身が見えない
扉や家具
→P.184

原則 1 - e
薄暗い空間
→P.197

原則 3 - b
濃い影や光の反射
→P.196

原則 4-e

わかりにくい導線

大切な場所への導線が複雑でわかりにくくありませんか？

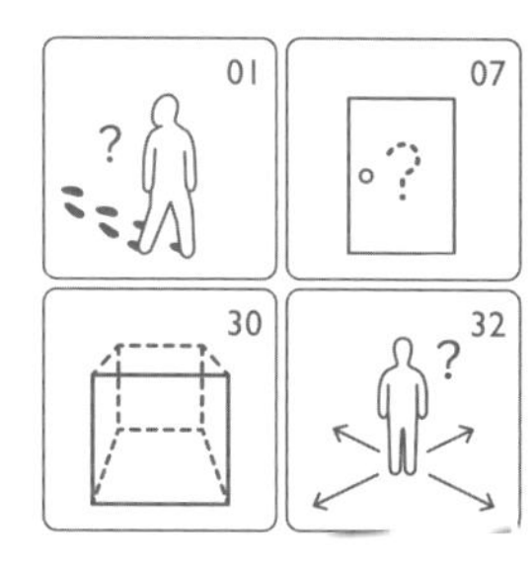

⇨ P.218-219

課題

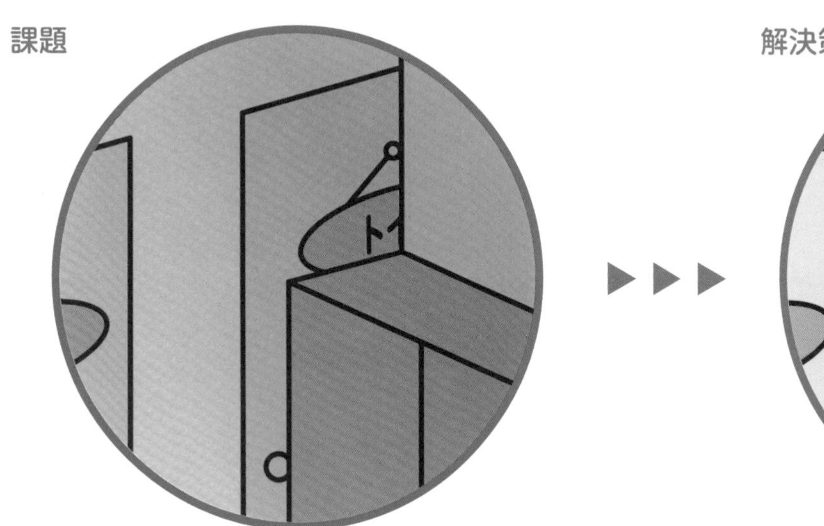

クローゼットやドアなどの障害物の向こう側にあるモノ、直接目で見えないモノを想像することが難しい。空間の奥行きや方向がわからない。こうした理由で、トイレにたどりつけない可能性があります。

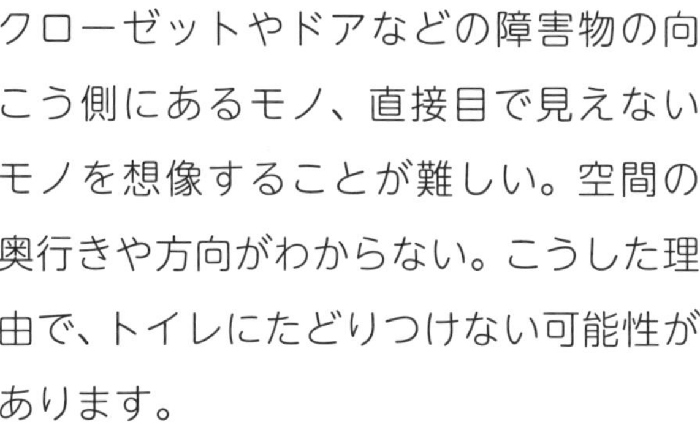

解決策

トイレはベッド（寝る場所）から目に入るように、視界を遮る障害物を撤去する、もしくは場所を示す誘導サインをつけると良いでしょう。
転居の時は、ベッドとトイレの位置関係を今までと同じにすることでトイレの位置を把握しやすくなります。

原則 3-b

濃い影や光の反射

濃い影や光の反射が現れる場所はありませんか？

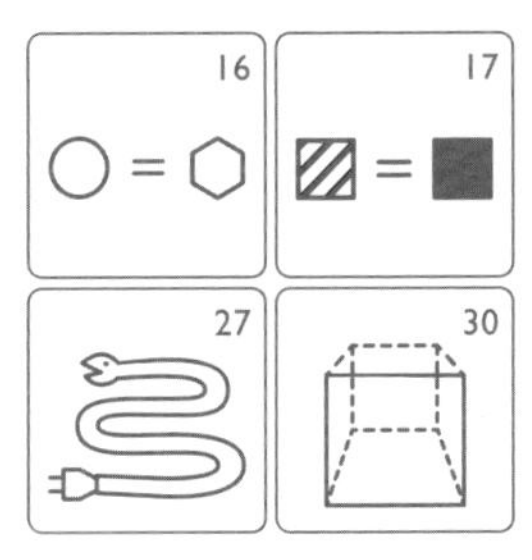

⇨ P.218-219

課題

解決策

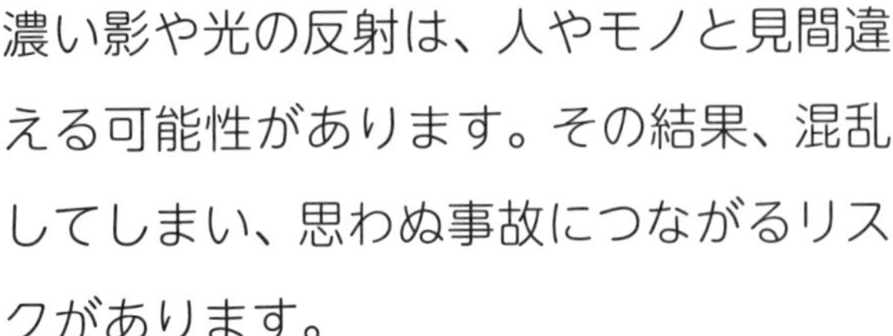

濃い影や光の反射は、人やモノと見間違える可能性があります。その結果、混乱してしまい、思わぬ事故につながるリスクがあります。

濃い影や光の反射が起きないように、自然光の入り方や照明の向き・強さを調節する、インテリアの配置や選択を変えるなどの工夫をしましょう。

原則 1-e

薄暗い空間

十分な明かりがなく、見にくい・行動しにくい時・場所はありませんか？

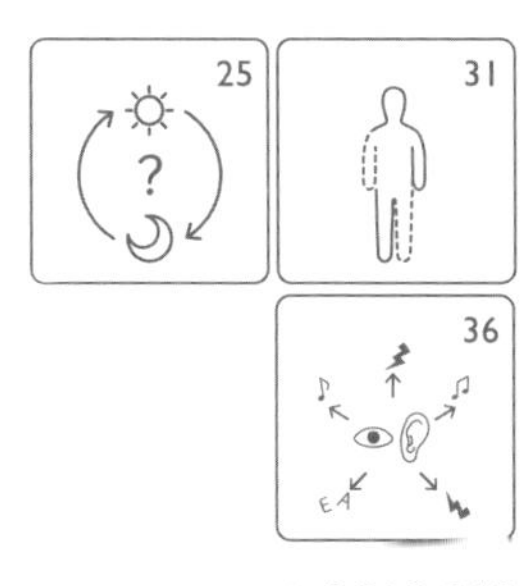

⇨ P.218-219

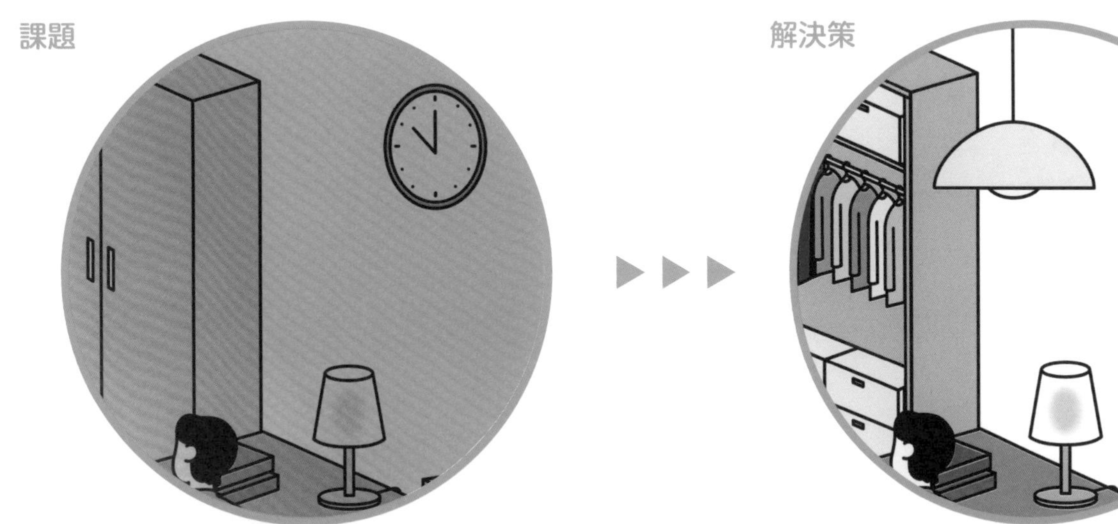

視覚機能の低下により、薄暗い空間では周辺環境の認識が難しくなる場合があります。さらに、身体機能の低下が重なると、転倒のリスクが高まります。

太陽光が入りにくい空間は、昼夜が曖昧になり、時間感覚のトラブルを助長することにもつながります。

日中は直射日光は避けつつ、窓からの自然光を取り入れるようにしましょう。日没以降は、活動中は充分な明るさの照明を用意し、逆に睡眠中は明かりを遮断できる空間を用意し、昼夜を明確にすることで、24 時間のリズムを保ちやすくなります。

大阪方面
14:45 東京行き
15:15 東京行き
14:50 大阪行き
15:20 大阪行き
東京方面

鉄道駅

左の絵の中で、認知症のある方が暮らしにくさを感じる、生活の障壁となる可能性があるポイント（空間、モノ、情報など）はどこでしょうか。

step 1 絵を眺めて、気になるところ（障壁になりそうだと思うところ）に直感的に○をつけてみよう。

step 2 ○をつけた部分が、なぜ障壁となる可能性があるのか、その理由を考えてみよう。

step 3 その障壁を克服するため、生活空間を改善するデザインのアイデアを発想してみよう。

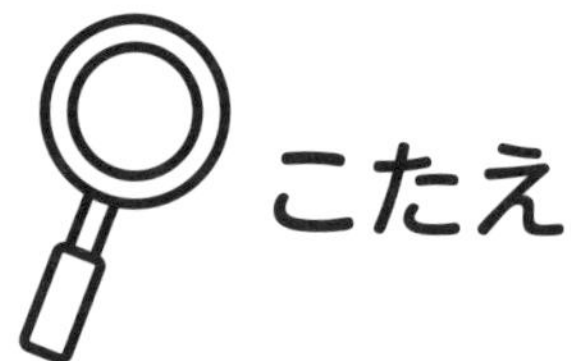

こたえ

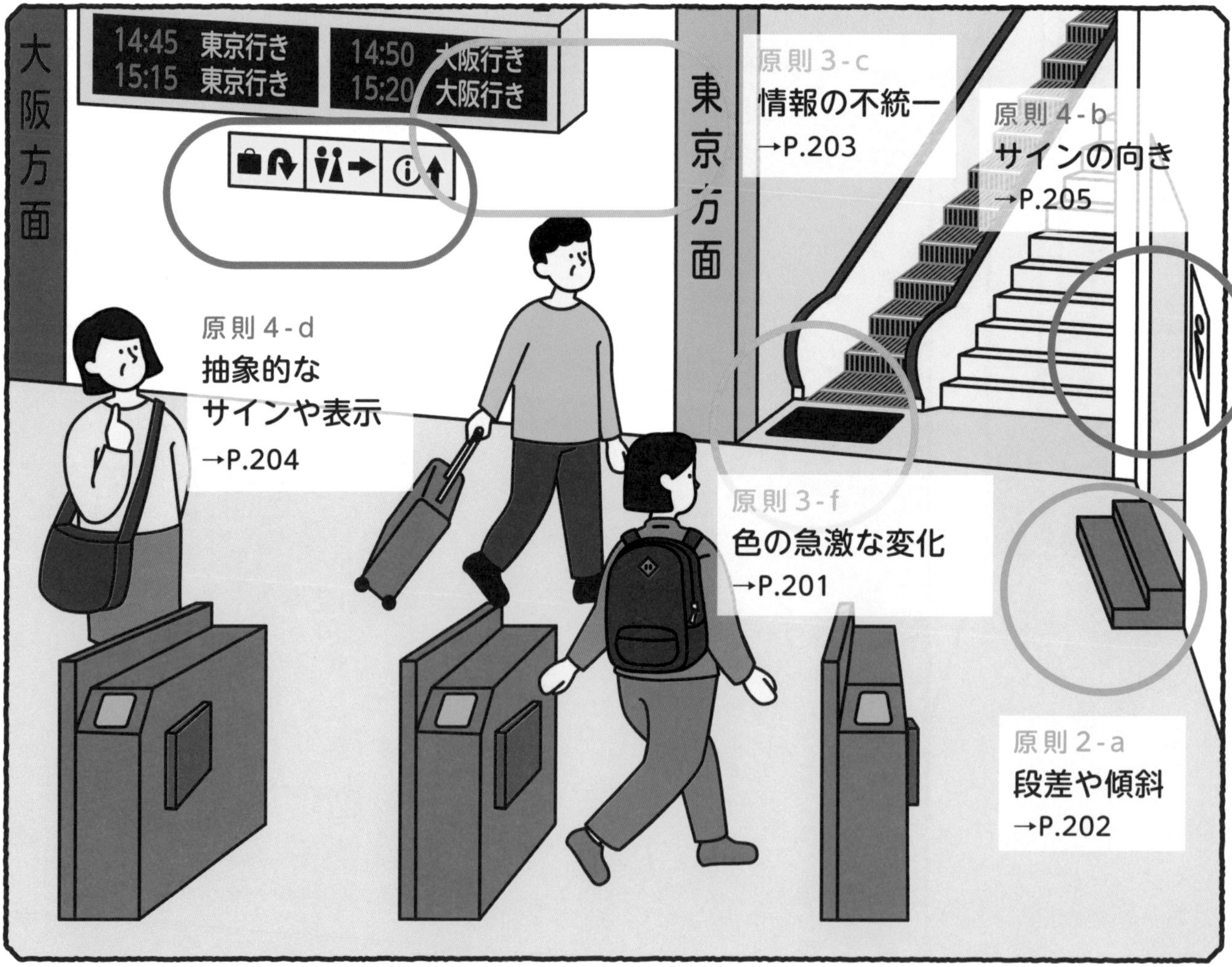

原則 3-c
情報の不統一
→P.203

原則 4-b
サインの向き
→P.205

原則 4-d
抽象的なサインや表示
→P.204

原則 3-f
色の急激な変化
→P.201

原則 2-a
段差や傾斜
→P.202

原則 3-f

色の急激な変化

段差や穴と誤認するような、急激に色が変化するところはありませんか？

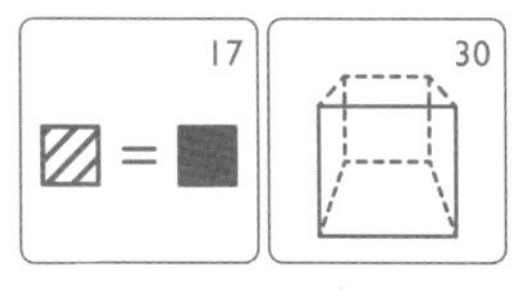

⇨ P.218-219

課題

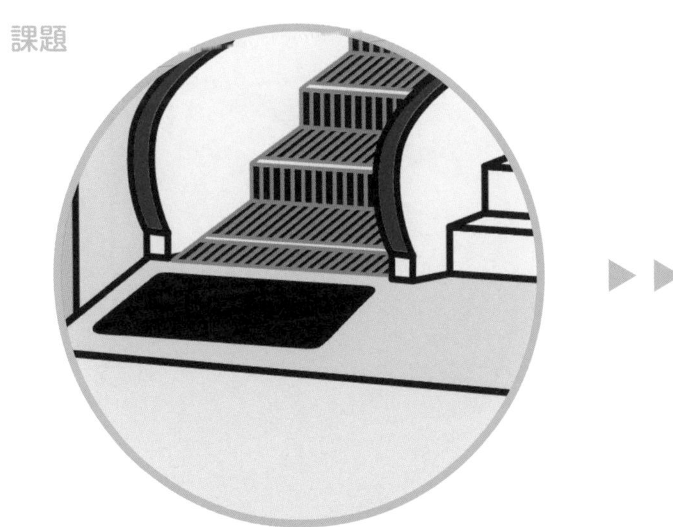

奥行きや色の認識のトラブルにより、濃い色のマットや床の模様は穴があるように見えたり、凸凹や段差に見えたりすることがあります。その結果、混乱を招き、思わぬ事故につながる可能性があります。

解決策

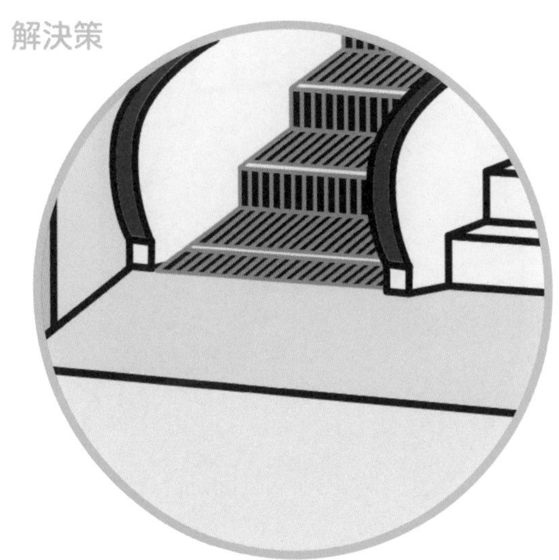

マットを置かない、マットと床の色を揃える、模様のある床の使用を避けるなどの工夫が効果的です。

原則 2-a

段差や傾斜

動きを妨げる段差や傾斜がありませんか？

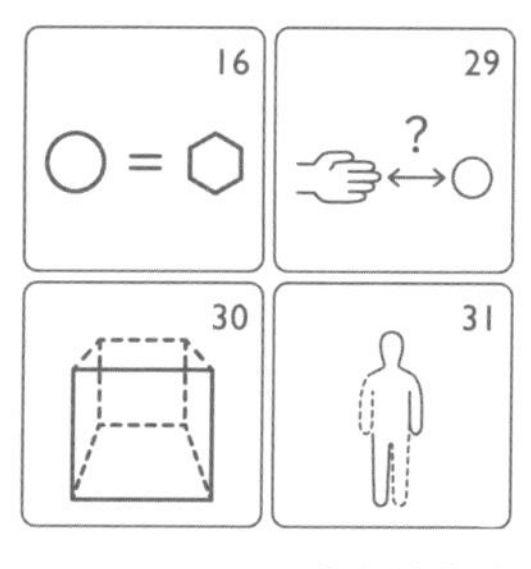

⇨ P.218-219

課題

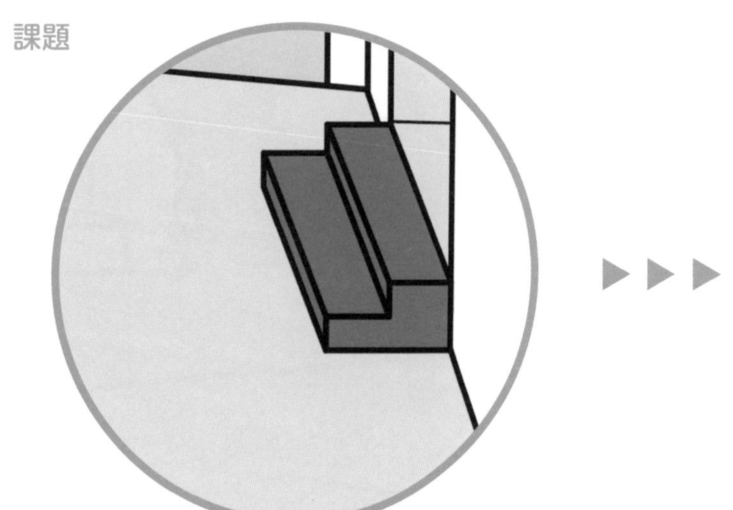

解決策

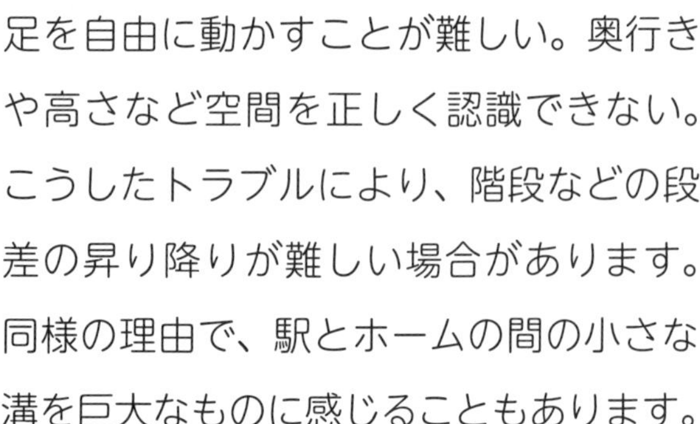

足を自由に動かすことが難しい。奥行きや高さなど空間を正しく認識できない。こうしたトラブルにより、階段などの段差の昇り降りが難しい場合があります。同様の理由で、駅とホームの間の小さな溝を巨大なものに感じることもあります。

不要な段差はできるだけつくらないようにしましょう。難しい場合は緩やかな傾斜のスロープ（斜面）を設置し、手すりをつけるのが望ましいでしょう。

原則 3-c

情報の不統一

位置、レイアウト、デザインなど、情報の掲示方法が統一されていますか？

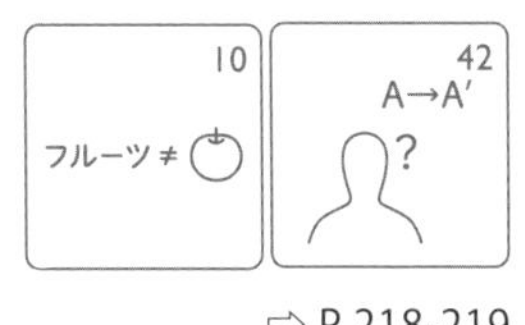

⇨ P.218-219

課題

解決策

大阪行きの電光掲示板と東京方面のホーム、こうした情報の不統一（ラベルやサインが指し示す位置に、あるべきモノがない状態）は混乱を呼び、思わぬ事故につながる可能性があります。

ラベル・サイン・掲示板は混乱を呼ばないように、設置位置やレイアウトを配慮しましょう。
トイレなど、同じ意味を示すサインは視認性を高めるために、色、表現、場所、向きなどを統一しましょう。

原則 4-d

抽象的なサインや表示

情報が抽象的で直感的に伝わりにくくなっていませんか？

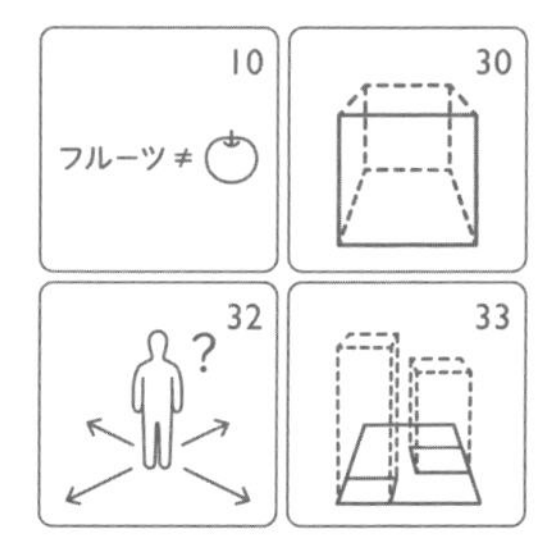

⇨ P.218-219

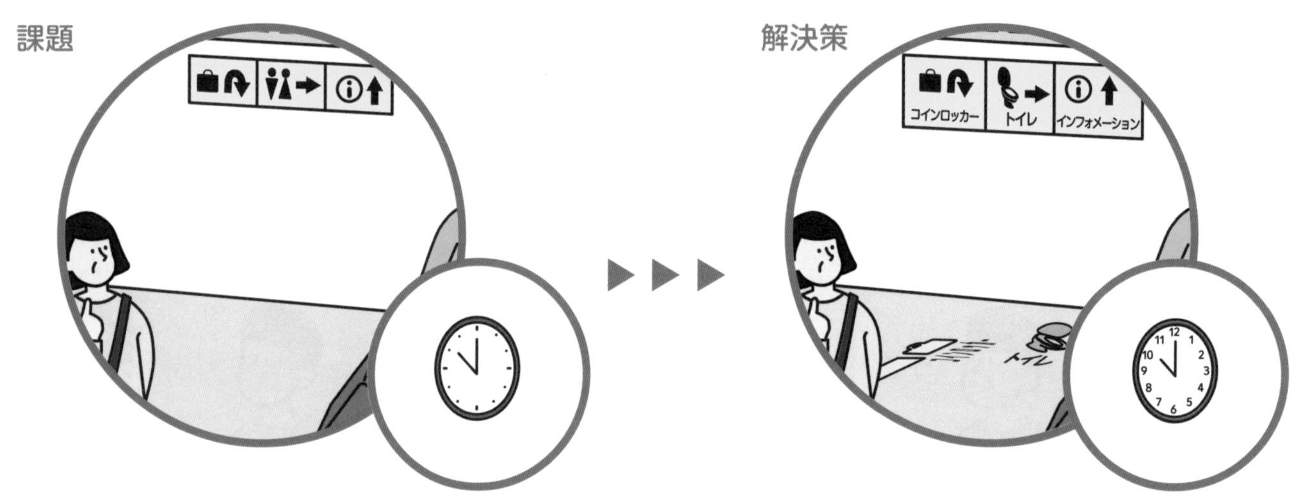

言語の障害により、荷物・トイレ・インフォーメーションなどを示す抽象的なマークを理解することが難しい可能性があります。また、空間認識の障害により、矢印の理解が困難な場合があります。
同様の理由で、数字のないアナログ時計は時間の理解が難しいかもしれません。

マークは具体的でわかりやすく表現するとともに、可能な限り文字を併記しましょう。床の上に描かれ、辿ると目的地に着く矢印は多くの人にとってわかりやすいサインです。
時計は数字表記のものや、デジタル表示のものが望ましいでしょう。

原則 4-b

サインの向き

一定方向からのみ視認できるサインはありませんか？

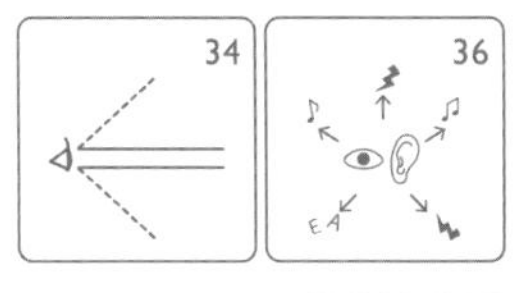

⇨ P.218-219

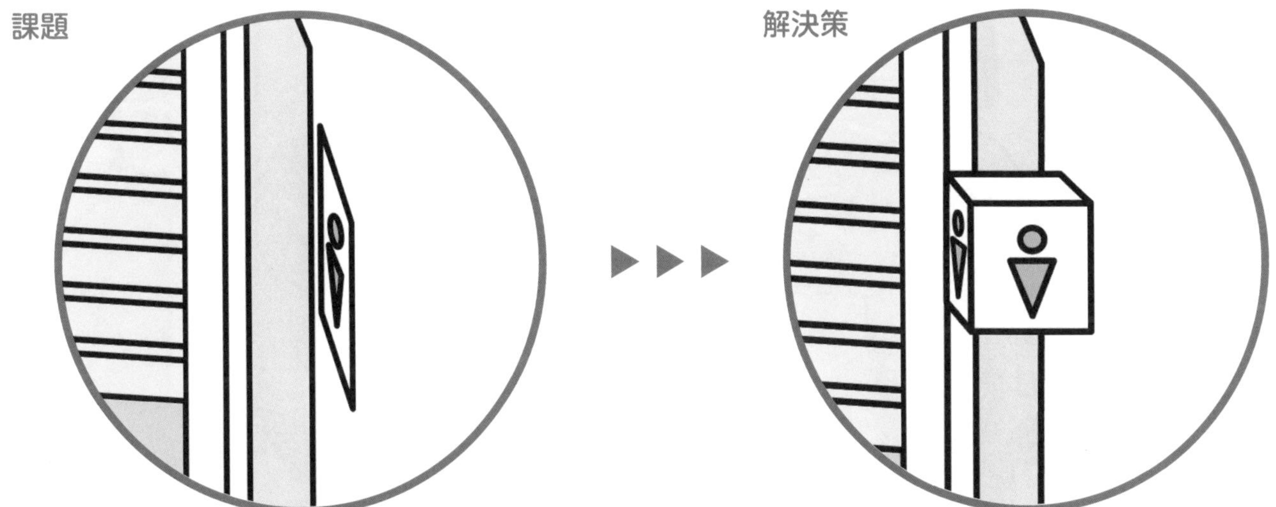

視覚機能のトラブルで視野が狭まる。必要な情報に注意を向けることが難しい。こうしたトラブルにより、壁にぺたっと貼り付けるタイプのサインが視界に入らず、見つけられないことがあります。

トイレなどの大切なサインはできる限り360度視認可能な形状にする。高さを歩行者（特に高齢女性）の目線に合わせる、サインを大きくする、など視界に入りやすい工夫を施しましょう。

調味料
本日特売日！
2,380円
になります

スーパーマーケット

左の絵の中で、認知症のある方が暮らしにくさを感じる、生活の障壁となる可能性があるポイント（空間、モノ、情報など）はどこでしょうか。

step 1 絵を眺めて、気になるところ（障壁になりそうだと思うところ）に直感的に○をつけてみよう。

step 2 ○をつけた部分が、なぜ障壁となる可能性があるのか、その理由を考えてみよう。

step 3 その障壁を克服するため、生活空間を改善するデザインのアイデアを発想してみよう。

こたえ

原則 1 - b
騒がしい音
→P.211
本日特売日!
原則 4 - c
大切な情報・モノの埋没
→P.212
大
抽
選
会
SALE!
SALE!
2,380円
になります
原則 2 - d
不十分な休憩スペース
→P.210
原則 2 - c
空間や時間の不足
→P.213
原則 3 - a
複雑な柄や模様
→P.209

原則 3-a

複雑な柄や模様

複雑な柄や模様、装飾のインテリアはありませんか？

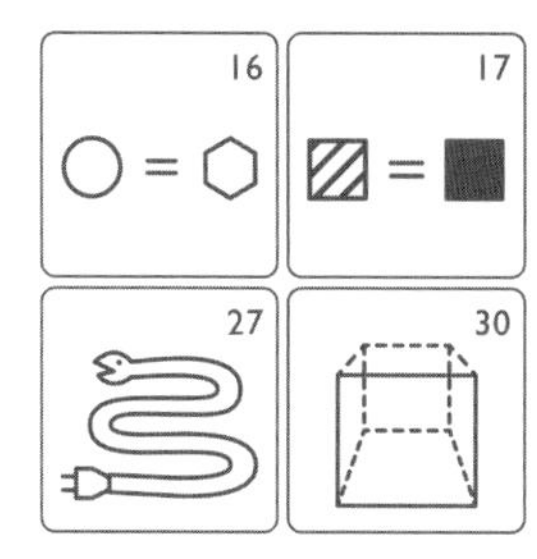

⇨ P.218-219

課題

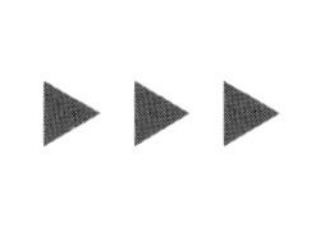

解決策

幾何学模様の床が凸凹に見えたり、植物や動物柄のカーペットが本物の動植物がそこに存在するかのように見えたりすることがあります。その結果、混乱してしまい、思わぬ事故につながる可能性があります。

複雑な模様は避け、できるだけ一色で無地の床が望ましいでしょう。

原則 2-d

不十分な休憩スペース

適切な場所に適切な形態の休憩スペースがありますか？

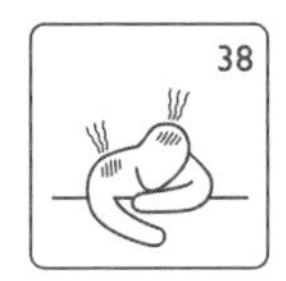

⇨ P.218-219

課題

認知症の影響で、心身が極端に疲れやすくなる場合があるため、休憩できる椅子があると良いでしょう。しかし、その椅子が人が多い窮屈な場所にあったり、座りにくい形であったりすると、思わぬ事故につながりかねません。

解決策

スペースのゆとりがある場所に、背もたれがある椅子やベンチ、ソファなど座りやすい椅子を設置しましょう。ゆっくり座る時間を持つことで、「今日は何を買う予定なのか」「会計はどうすればいいのか」など、自分の考えを整理することもできます。

原則 1-b

騒がしい音

音が騒がしすぎることはありませんか？

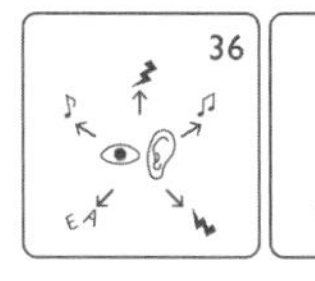

⇨ P.218-219

課題

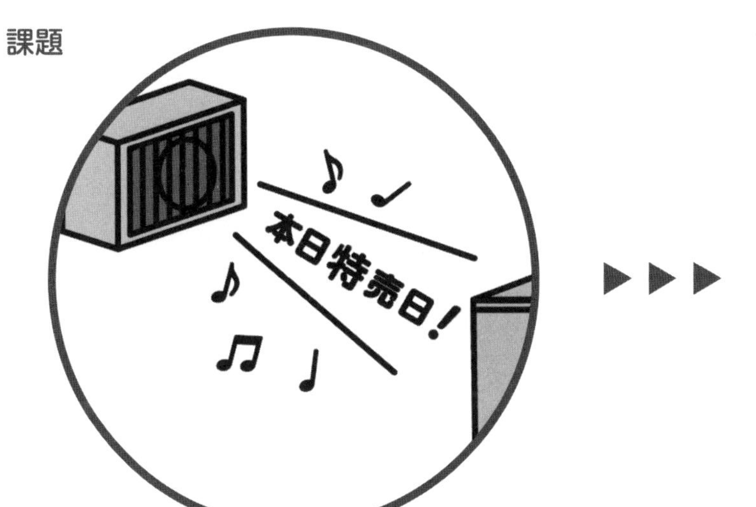

聴覚が敏感になり、周囲の音が気になって、１つのことに集中することが難しい場合があります。
お会計中に館内アナウンスや音楽が耳に入り、混乱してしまったり、考えていたことややるべきことがわからなくなってしまう場合があります。

解決策

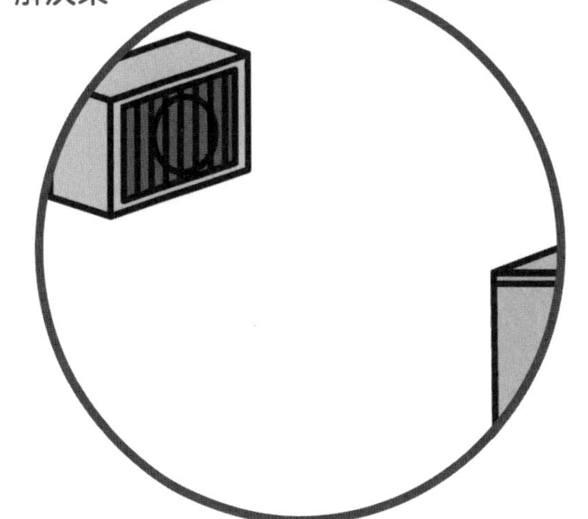

店内は、できる限り静かで館内アナウンスや音楽などの音のない環境にしましょう。常に音をなくすのが難しい場合は「スローショッピング」と称して、ゆっくり静かにお買い物を楽しめる曜日や時間帯を設定するのも一つの手です。

原則 4-c

大切な情報・モノの埋没

大切な情報やモノが周りに同化して埋没していませんか？

⇨ P.218-219

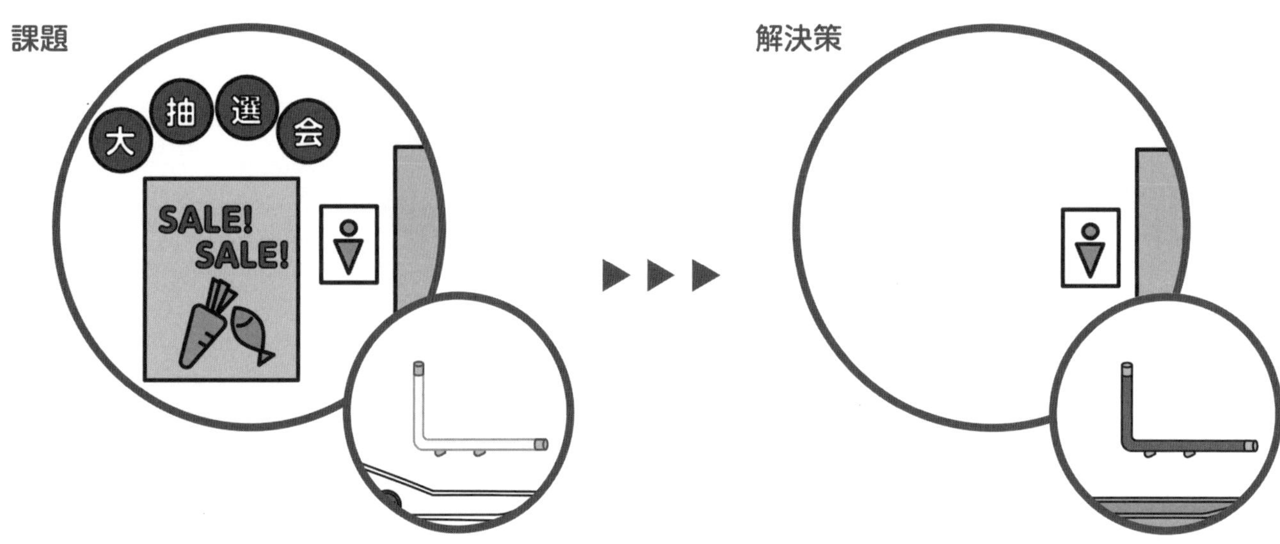

視覚が敏感になり、多くの情報が目に刺さるように感じたり、見るべきものに集中できなかったり、細かい色の違いを識別できなかったりすることがあります。そのため、トイレなどの大切な情報が周囲の情報の中で埋もれてしまい、見つけられない可能性があります。

トイレなど大切な情報のサインの周囲には、販促のチラシなどの他の情報や掲示物をできるだけなくして、必要な情報を一目で見つけやすいようにしましょう。
また、周囲とは明確に異なる色にしましょう。

原則 2-c

空間や時間の不足

十分な空間や時間を確保していますか？

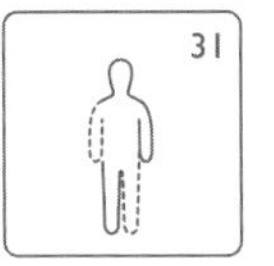

⇨ P.218-219

課題

レジ周辺の空間が狭い店や混雑している時間帯では、身体を思い通りに動かせず、他者と接触するリスクが高まります。
また、迅速に行動できず、後ろに並んでいる人の見えないプレッシャーを感じ、焦ってしまうことがあります。

解決策

レジ周辺など、人が集中しやすい空間は、できる限り充分なスペースを保ち、ゆっくり会計できる環境を用意しましょう。難しい場合は、ゆっくり買い物ができる曜日・時間帯（スローショッピング）を設定する、専用レジを設置するのも一つの方法です。

認知症に優しい生活環境デザイン 4原則

原則 1
五感（眼・耳・鼻・肌など）に優しい

1-a **光や色の刺激**

☑ 日光、照明、色づかい等の刺激が強すぎることはありませんか？

1-b **騒がしい音**

☑ 音が騒がしすぎることはありませんか？

1-c **強い臭い**

☑ 臭いの刺激が強すぎることはありませんか？

1-d **気温と湿度**

☑ エアコンや隙間風など、気温や湿度が負担になる場所はありませんか？

1-e **薄暗い空間**

☑ 十分な明かりがなく、見にくい・行動しにくいことはありませんか？

原則 2

身体への負担が少ない

2-a **段差や傾斜**

☑ 動きを妨げる段差や傾斜がありませんか？

2-b **複雑で細かい操作**

☑ 複雑な操作、細かい動きが必要なモノはありませんか？

2-c **空間や時間の不足**

☑ 十分な空間や時間を確保していますか？

2-d **不十分な休憩スペース**

☑ 適切な場所に適切な形態の休憩スペースがありますか？

原則 3

惑わさない、混乱させない

3-a **複雑な柄や模様**

☑ 複雑な柄や模様、装飾のインテリアはありませんか？

3-b **濃い影や光の反射**

☑ 濃い影や光の反射が現れる場所はありませんか？

3-c **情報の不統一**

☑ 位置、レイアウト、デザインなど、情報の掲示方法が統一されていますか？

3-d **無機質な空間・インテリア**

☑ 使いやすさやデザイン重視で、機能性や温かみが失われていませんか？

3-e **床・壁・扉の区別**

☑ 空間の全体像や大切な場所を把握しにくい配色になっていませんか？

3-f **色の急激な変化**

☑ 段差や穴と誤認するような、急激に色が変化するところはありませんか？

原則 4

意味や情報が確実に伝わる

4-a **中身が見えない扉や家具**

☑ 日常的に使うモノを、中身が見えない扉や家具に入れていませんか？

4-b **サインの向き**

☑ 一定方向からのみ視認できるサインはありませんか？

4-c **大切な情報・モノの埋没**

☑ 大切な情報やモノが周りに同化して埋没していませんか？

4-d **抽象的なサインや表示**

☑ 情報が抽象的で直感的に伝わりにくくなっていませんか？

4-e **わかりにくい導線**

☑ 大切な場所への導線が複雑でわかりにくくありませんか？

44の認知機能障害一覧

01

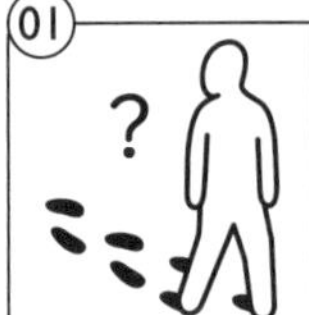

体験や行為を記憶（記銘・保持・想起）できない

02

0月×日 10:00

知識・情報を記憶（記銘・保持・想起）できない

03

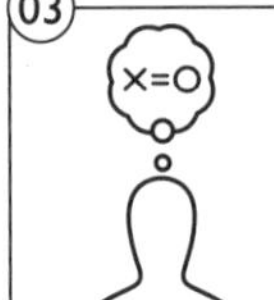

誤りや事実でないことを正しいこと・事実と思い込んでしまう

04

うつ・不安状態・怒りっぽくなる

05

自分の思い（考え・意図）とは異なる行動をしてしまう

06

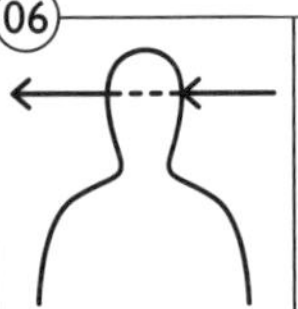

見聞きしたこと・考えたことが瞬時に記憶から消え去る

07

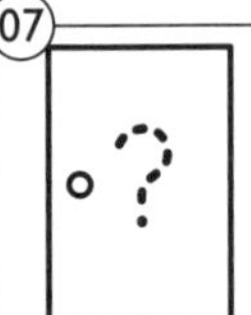

目に見えないものを頭の中で想像できない

08

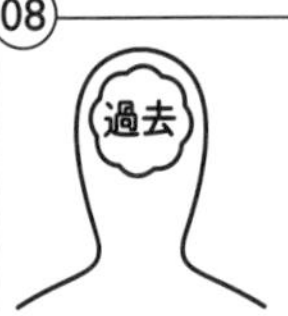

完了済みの経験や事象を現在進行中のものだと思い違える

09

見聞きした話・情報を否定的に解釈してしまう

10

フルーツ ≠

抽象的言語・概念・記号の表す意味を想起できない

11

固有名詞からその内容やイメージを想起できない

12

 = ???

使い慣れた日常単語・漢字・記号を想起できない

13

文法・複数の単語の組み合わせを理解できない

14

自分の考え（意志・思い）を言語化できない

15

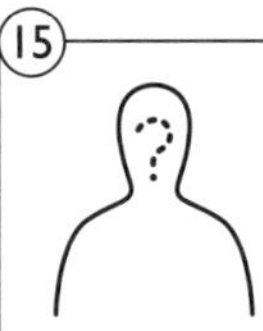

人の顔を正しく認識できない

16

○ = ⬡

形や大きさを正しく認識できない

17

細かい色の差異を識別できない

18

体性感覚が鈍感になる

19

味覚や嗅覚が鈍感になる・感じなくなる

20

体温や汗の調節ができなくなる

21
静止している
ものが動いて
見える
22
聞こえるはずの
ない音が聞こえる
23
におうはずの
ない匂いがする
24
時間経過の感覚
が乱れる・
失われる
25
24 時間の時間
感覚が失われる
26
眠りにつけない・
深く長く眠れない
27
あるはずのない
ものが見える・
違うものに
見える
28
日
土
月
金
火
木
水
日・曜日・月の
感覚が失われる
29
対象物との
距離を正確に
把握できない
30
モノや空間の
奥行きの存在を
認識できない
31
自分の身体の位置
や動きを適切に
認識できない・
動かせない
32
左右や東西南北
など、方向感覚
が失われる
33
平面（二次元）の
情報から、空間
（三次元）を
イメージできない
34
視界の範囲が限定
される・狭くなる
35
空間全体や位置
の把握に必要な
ランドマークを
記憶（記銘・保持・
想起）できない
36
聞くべき音・
見るべきモノに
集中できない
37
複数のことを
同時に実行
できない
38
頭と体が短時間
で疲れやすい
39
視覚・聴覚・嗅覚
が敏感になる
40
A
A
A
特定のモノ・こと
に目・耳・思考が
固執し、他に注意
を向けられない
41
3
6
1
+
2
=
÷
簡単な数の計算
ができない
42
A→A′
小さな環境変化
に柔軟に対応
できない
43
慣れ親しんだ
手続き・習慣を
想起・実行
できない
44
A
B
複数のモノ・
ことから正解や
最適解を選択・
判断できない

おわりに
認知症のある方の経験が、「誰も取り残さない社会」の実現に必要だ

認知症のある方との時間を通じて、私は本当に多くのことを学びました。

「人は周囲の環境をいかに認知し、行動しているのか？」

「認知機能のトラブルが、私たちの思考や行動にどんな影響を与えるのか？」

「なぜ一見簡単に見えることが、できないのか？」

「自分の苦悩を、なぜ周囲の人に理解してもらえないのか？」

「人間が暮らす都市空間が、いかに我々の認知機能に負担があるのか？」

私がこれまでの人生でずっと感じていた生き辛さ。「普通はできる」ことができない苦しさ。色々なものが、次々と身の回りから消えるトラブル。周囲の人からいつも取り残される孤立。こうしたことの原因が全てわかり、どれだけ救われたことでしょうか。

子どもから高齢者まで、誰もがその時々で何らかの認知機能のトラブルを抱えています。それが人間というものです。認知症のある方が暮らしやすい社会、それは間違いなく人間誰もが暮らしやすい社会です。本書を上梓した今、私はこれからも対話とデザインの力で、そんな社会を創るために力を尽くしていきたいという気持ちが一層強くなりました。

インタビュー等に協力いただき、多くの気づきをいただいた認知症のある方ご本人の皆様、監修・助言頂いた堀田聰子氏、鬼頭史樹氏、服部優香理氏、山下祐佳里氏、樋口直美氏、新しい挑戦をサポート頂いた英治出版の皆様、本書作成にご尽力いただいた全ての方に感謝いたします。最後に、私の抱えるトラブルをサポートし制作活動に日夜尽力してくれるissue+designのメンバー、私と同じトラブルを抱え多くの気づきと生きがいを私に与えてくれる娘・雪夕花、息子・空知、そんな我々３人のトラブルにいつも対峙している妻・千佐子に感謝します。

著者を代表して
issue+design　筧　裕介

認知症世界の歩き方カレッジにようこそ！

服ノ袖トンネルを抜けた先、
カイケイの壁の東南のあたりに、
認知症世界を楽しく生きる知恵、
対話（ダイアログ）とデザインを学ぶ秘密の学校、
「認知症世界の歩き方カレッジ」があるのです。

ここまで書籍を読んでいただいた方には、
数々のお得な入学特典もご用意していますので、
まずは気軽にのぞいてみてください。
皆さんにピッタリの学び方が見つかるかもしれません。

仲間とともに学ぼう！
実践（対話&デザイン）ワークショップ

認知症のある方が生きる**世界を動画で楽しみ**、具体的な生活シーンを舞台に、**認知機能のトラブルを推理し、解決アイデアを発想する。本書の内容を仲間と一緒に楽しめるワークショップ**です。認知症のある方のご家族、医療・介護・福祉の専門職だけでなく、中高大学生や一般の方など、誰もが楽しみながら学ぶことができる内容です。

▼開校形式

1. オンライン開催

定期的にオンライン（Zoomを使用）での開催を予定しております。右下のQRコードよりお申し込みください。

本書をご購入頂いた方は当面の間、無料でご参加いただけます。

2. オフライン（対面）開催

全国各地で開催を予定しておりますので、ウェブサイト（QRコードより）にてご確認ください。

3. 自治体・企業・団体等による開催

開催を希望する地域、企業、団体の方は以下のメールアドレスよりお問合せください。

➡ info@issueplusdesign.jp（認知症世界の歩き方事務局）

読者優待料金での
お申し込みはこちら

2 いつでも、どこでも学びたいあなたに！
動画講座（オンデマンド）

あなたが学びたい時に学びたい場所で、
いつでもどこでもウェブ上で学べる映像講座です。

▼講座内容一覧

第１講　認知症の基礎知識
第２講　【記憶】のトラブルに対処する
第３講　【五感】のトラブルに対処する
第４講　【時間・空間】のトラブルに対処する
第５講　【注意・手続き】のトラブルに対処する
第６講　生活をより良くするスマホ活用術
第７講　生活環境をデザインする（前）
第８講　生活環境をデザインする（後）

歩きたくなる?!集めたくなる?!謎

早朝４時に起きる早起きの歩さん。起きるとたいてい一人で外に出て行きます。パジャマにお気に入りのジャケットを羽織り、家族に「行ってきます」としっかり挨拶をして、玄関を出ていくのです。何度も引き留めましたが、その度に「何をするんだ！間に合わないだろ！」と聞き入れません。大抵はどこかで道に迷い、ご近所の方やお巡りさんに連れて帰ってきてもらうのです。

▼出演

筧　裕介（『認知症世界の歩き方』著者・プロジェクトリーダー / 工学博士）

▼お申し込み

右の QR コードよりお申込みください。
読者特典の特別価格でご参加いただけます。

読者優待料金での
お申し込みはこちら

映像とカードを使って、ワークショップを開催しよう！

公認ファシリテーター（旅のガイド）養成講座

「認知症世界の歩き方 実践ワークショップ」を、あなたの地域、企業、団体などの仲間と一緒に楽しみませんか？
認知症世界に関する映像やカードなどが入った**専用ワークショップキットを使ってワークショップを実施することが可能な資格を取得できる講座**です。

▼ 公認ファシリテーターが実施可能なこと

認知症世界の14のストーリー動画・解説動画を使った講義
10の生活ケース（本書Part 1）と２種類のカードを使い、認知症のある方のトラブルを推理し、解決アクションを発想するワークショップ
５の生活環境シーン（本書Part 2）のビジュアルを用い、認知症のある方のトラブルを推理し、デザインアイデアを発想するワークショップ

▼ 公認ファシリテーターの特典

特典１　「認知症世界の歩き方 公認ファシリテーター」認定証
特典２　特別限定装丁版書籍『認知症世界の歩き方 実践編』
特典３　「認知症世界の歩き方 デザイン＆ダイアログ」専用ワークショップキット

▼ ライセンス取得料金

ワークショップの開催目的（非営利/営利）等によって、異なります。詳細はウェブサイトよりご確認ください。読者の皆さんは、右のQRコードよりお申し込みいただくと、特別料金で受講が可能です。

読者優待料金での
お申し込みはこちら

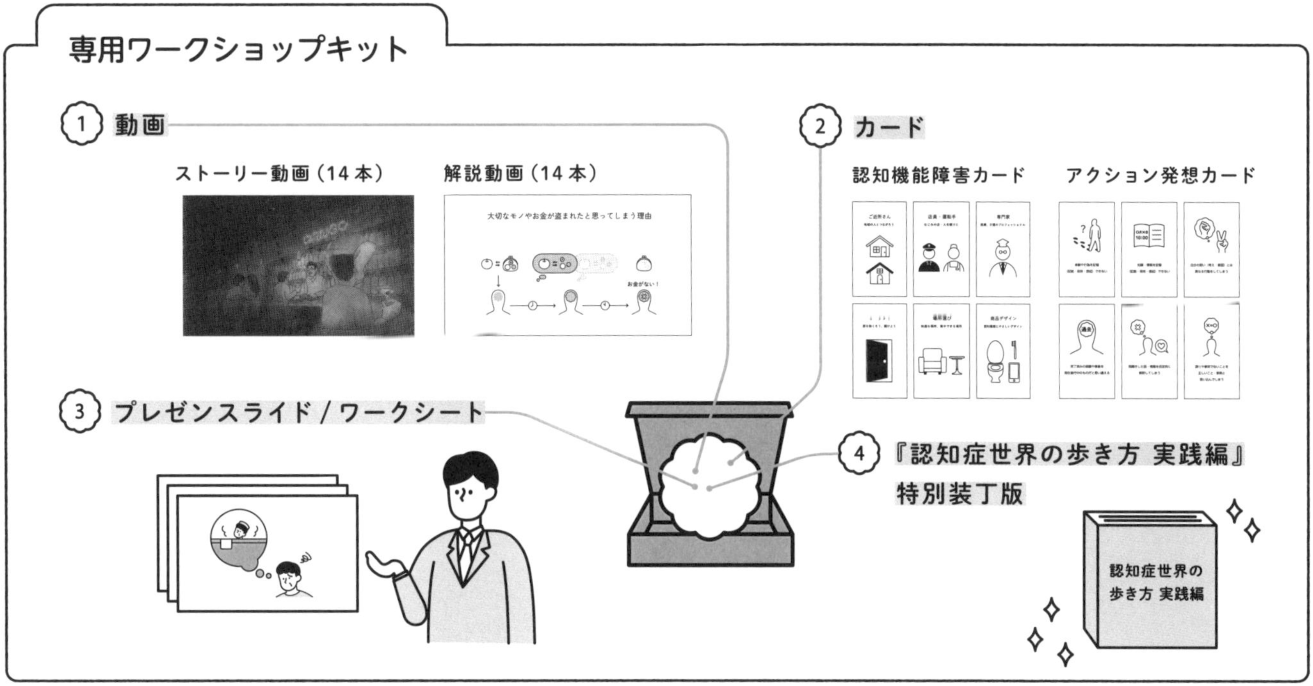

専用ワークショップキット

① 動画

ストーリー動画（14本）

解説動画（14本）

② カード

認知機能障害カード

アクション発想カード

③ プレゼンスライド / ワークシート

④『認知症世界の歩き方 実践編』特別装丁版

認知症世界の歩き方 実践編

4 腕試ししてみたいあなたに！ 認知症世界の歩き方 検定

あなたはどのくらい認知症世界のこと、この世界に必要な「対話」と「デザイン」のことを理解しているでしょうか？正答率90% 以上の方には、「認知症世界の歩き方マスター」認定証が発行されます。

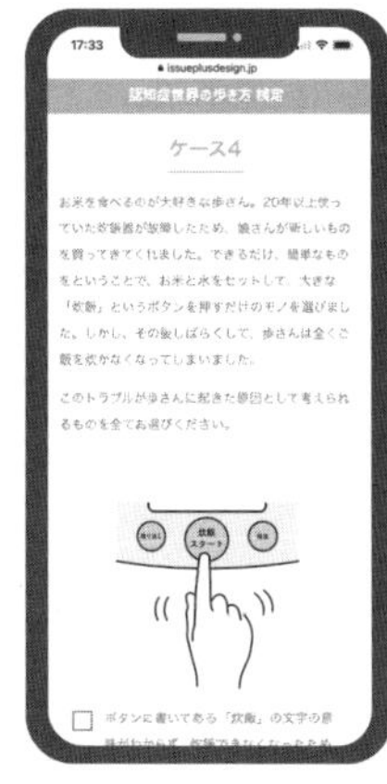

読者優待料金での
お申し込みはこちら

まずは気軽に参加してみよう

メールマガジン & LINEコミュニティ

認知症をはじめ、医療・介護・教育・防災・まちづくり・気候変動等、様々な社会課題に関する役立つ情報を発信するグループ(メールマガジンの購読、もしくは公式LINEグループの登録)に参加しませんか？

▼メルマガ購読およびLINEコミュニティ登録の特典

「認知症世界の歩き方」プロジェクトの運営母体である issue+design のメールマガジンの購読、もしくは公式LINEグループへの参加により以下の特典が得られます。

特典1　オリジナルスマホ画像（全5種類）　プレゼント
特典2　オリジナルZoom背景（全5種類）　プレゼント
特典3　ファシリテーター資格取得講座の割引価格での受講
特典4　認知症世界の歩き方検定の割引価格での受講
特典5　動画講座の割引価格での受講
特典6　認知症世界の歩き方ワークショップ　無料ご招待

▼メールマガジンの内容

1. ワークショップ・イベント情報
2. issue+FURTURE ：新しい未来（変化）の兆しというべき面白ニュースを紹介
3. issue+design の仕事：社会課題をデザインで解決するプロジェクトの裏側を紹介

登録はこちら

制作体制

執筆

筧　裕介

issue+design 代表 / デザイナー / 博士（工学）/ 認知症未来共創ハブ創設メンバー・運営委員
慶應義塾大学大学院特任教授 / 東京医科歯科大学大学院客員教授 / 多摩美術大学デザイン学部非常勤講師
東京大学大学院先端科学技術研究センター博士課程終了。2008 年 issue+design 設立。
設立以来、医療・介護・防災・子育て・教育・環境・まちづくりなど、分野を超えて様々な領域の社会課題に対して、“美しく楽しく” 挑む「ソーシャルデザイン」のプロジェクトを多数実施。
カンヌライオンズ（仏）、D&AD（英）、深圳デザインアワード（中）、グッドデザイン賞 BEST100、日本計画行政学会特別奨励賞、竹尾デザイン賞他、国内外の受賞多数。
著書に「認知症世界の歩き方（ライツ社）」「持続可能な地域のつくり方（英治出版）」「ソーシャルデザイン実践ガイド（英治出版）」「震災のためにデザインは何が可能か（NTT 出版）他。

issue+design（特定非営利活動法人イシュープラスデザイン） →P.228

監修

一般社団法人ボーダレス

認知症当事者の経験を起点に多様な活動を展開するコミュニティを運営。当事者と、企業や自治体など多様なプレイヤーが出会い学びあう場づくりを環境づくり、ファシリテーションで応援している。

認知症未来共創ハブ

「認知症とともによりよく生きる未来」を目指し、当事者の思い・体験と知恵を中心に、認知症のある方、家族や支援者、地域住民、医療介護福祉関係者、企業、自治体、関係省庁及び関係機関、研究者らが協働し、
ともに未来を創る活動体。慶應義塾大学ウェルビーイングリサーチセンター、日本医療政策機構、認知症フレンドシップクラブ、issue+design の 4 団体が 2018 年より共同で運営。
代表　堀田聰子（慶應義塾大学大学院健康マネジメント研究科・教授）

樋口 直美（文筆家・レビー小体病当事者） ※14 の認知症世界のストーリー

編集・執筆　稲垣 美帆（issue+design）

デザイン　土屋 はるな（issue+design）

イラスト　稲葉 千恵美（オフィスナイス）

社会の課題に、市民の創造力を。

issue+design

正解のない課題、複雑で難解な課題に、ともに楽しく挑みませんか？

気候変動、自然災害、医療・介護人材不足、食糧危機、教育格差 …….
地域、日本、世界には、市民の「安心」と「幸福」を脅かす
社会的課題（ISSUE）が溢れています。

無限の資源があり、人口が増え、経済成長が続いた時代。
市民・企業・地域・国に求められていたのは、目の前にある正解を素早く、
効率的にやり遂げることでした。そんな正解を解けば良い時代は終わりました。

誰もが、複雑で難解、正解のない課題に直面している現代、
この時代に必要なもの、それがデザインです。

デザインには問題の本質を捉え、調和と秩序をもたらす力がある。
美と共感で人の心に訴え、幸せなムーブメントを起こす力がある。

楽しいデザイン、美しいデザインは、
「自分も行動したい」「参加したい」という人の共感を呼びます。
みんなの前向きな参加こそが、地域を、日本を、世界を変えるのです。

市民、企業、行政他、多くの皆さんとともに、正解のない課題に対して、
楽しく、美しくチャレンジしたい。
それが、我々 issue+design の願いです。

issueplusdesign.jp

私たちが大切にしている３つのこと

CO-DESIGN　**市民を中心に多様なステイクホルダーとつながり、ともに創造する。**

▼ **業務例**

みんなでつくる総合計画：500 人の住民参加による地域未来ビジョンづくり（高知県佐川町）
日本の母子手帳を変えよう：母子健康手帳をより使える、役立つ、頼れるモノに！（全国約 200 自治体）
認知症世界の歩き方：100名を超える当事者の声による認知症の方が生きる世界の可視化と偏見撲滅

RESEARCH　**国内外の専門家・研究機関と連携し、課題の本質と構造を深く探索する。**

▼ **業務例**

認知症フレンドリーなオーラル（口腔）ケア商品の R&D 事業（大手トイレタリー会社）
さかわ発明ラボ：デジタルファブリケーション × 林業による地域産業振興（高知県佐川町）
データ de スポーツ：人工衛星データによる運動能力可視化とトレーニングの個別最適化（慶應義塾大学）

MOVEMENT　**課題解決のアイデアを社会で実装し、市民・行政・企業を動かし、実現する。**

▼ **業務例**

次世代型スローモビリティの開発と社会実装事業（大手自動車会社）
脱炭素まちづくりカレッジ：気候変動問題の社会啓蒙と推進人材の育成
みんなの就学活動：ダウン症等障害を抱えるお子さんの小学校進学時の支援

主要著書一覧

ソーシャルデザイン
実践ガイド

持続可能な地域
のつくり方

人口減少 × デザイン

認知症世界の
歩き方

索引

14の認知症世界ストーリー

14ストーリーの解説

IT：テクノロジーの力を活用

ART：認知症世界を体験してみよう

10の生活ケース

対話（ダイアログ）8箇条

5の環境ケース

デザイン4原則と20ポイント

その他

認知症世界の歩き方　実践編

対話とデザインがあなたの生活を変える

2023年3月18日　第1刷発行

著者　筧　裕介
issue+design

監修者　一般社団法人ボーダレス
認知症未来共創ハブ
樋口 直美

発行者　筧　裕介
発行所　issue+design
特定非営利活動法人イシュープラスデザイン
東京都文京区千駄木 2-40-12
https://issueplusdesign.jp/

印刷・製本　大日本印刷株式会社

発売所　英治出版株式会社
東京都渋谷区恵比寿南 1-9-12
ピトレスクビル 4F
TEL 03-5773-0193
FAX 03-5773-0194
www.eijipress.co.jp

乱丁・落丁本はお取り替えいたします。

ISBN　978-4-9912971-0-6